اردو زبان کی تدریس اور اس کا طریقۂ کار

اردو زبان کی تدریس اور اس کا طریقۂ کار

عمیر منظر

(جامعہ ملیہ اسلامیہ، نئی دہلی)

شپرا پبلی کیشن

(2014, First Published in 2009)

Rs. 795

ISBN: 978-81-7541-432-7

2023 Impression

Teaching of Urdu Language

Published by:
SHIPRA PUBLICATIONS
LG 18-19, Pankaj Central Market,
I.P. Ext., Patparganj, Delhi 110092
+ 91 11 22235152/ 6152; 9650028065
info@shiprapublication.com
www.shiprapublication.com

میرے مربی و محسن

ادبی قدروں کے اداشناس

اقبالیات کے شناور

نقدِ شعر کے امین

میراثِ ہنر کے وارث

پروفیسر قاضی عبید الرحمٰن ہاشمی

کے نام

فہرست

پیش لفظ

(Preface)

اساتذہ کی تربیت اور ٹریننگ کو ہمیشہ سے اہمیت حاصل رہی ہے۔ آج کی تیز رفتار مادی دنیا میں، جہاں زندگی کے بہت سارے معیارات تبدیل ہو چکے ہیں، قدریں اور رویے بدل رہے ہیں، ایسی صورت حال میں تعلیم و تعلم کے حوالے سے روایت کی پاسداری کہیں نہ کہیں اس کی بقا کی ضامن ہے۔ اساتذہ کی تربیت کیسے کی جائے؟ ان کے لیے کیا ضابطے طے کیے جائیں؟ زیر تربیت اساتذہ کی کس طرح رہنمائی کی جائے کہ وہ معاشرے کے لئے بہتر تربیت اور رہنمائی کا ذریعہ بن سکیں۔ یہ اور اس طرح کے بہت سے سوالات ہیں جو ہمارے ذہنوں میں اٹھتے ہیں اور اپنے اپنے طریقے سے ہم ان پر غور بھی کرتے ہیں۔

یہ کتاب دراصل اسی سلسلے کی ایک کڑی ہے۔ یہ کتاب ہندستان کی مختلف جامعات میں زیر تربیت اساتذہ کے نصاب کو پیش نظر رکھ کر تیار کی گئی ہے۔ کتاب کی تدوین میں یہ امر ملحوظ رکھا گیا ہے کہ یہ طلبہ کے لیے زیادہ سے زیادہ مفید ثابت ہو۔ کتاب کی تیاری کا ایک طریقہ یہ بھی ہوسکتا تھا کہ تمام موضوعات مختلف کتابوں کو سامنے رکھ کر از سر نو تیار کیے جاتے۔ لیکن غور کرنے پر اندازہ ہوا کہ زیر تربیت اساتذہ کے لئے مختلف مضامین کے

ماہرین نے جو کچھ لکھا ہے اس کی افادیت آج بھی ہے۔ اس لیے اس طرح کے مضامین کو مناسب ترتیب کے ساتھ جمع کر دیا گیا ہے۔ البتہ اس بات کا پورا خیال رکھا گیا ہے کہ تمام ضروری حوالے دے دیئے جائیں تا کہ طلبہ کے اندر اگر مزید مطالعہ کا شوق ہو جائے تو وہ ان کتابوں کا براہ راست مطالعہ کر سکیں۔ ان کا یہ عمل نہ صرف ان کے لیے بلکہ آئندہ چل کر ان سے استفادہ کرنے والے طلبہ کے لیے بھی مفید ہوگا۔

یوں تو بی ایڈ کرنے والے اردو طلبہ کے لیے کئی اور کتابیں بھی تیار کی گئی ہیں۔ ان کی افادیت سے انکار نہیں کیا جا سکتا اور بلاشبہہ یہ ایک قابل قدر کام ہے۔ البتہ موجودہ کوشش کے سلسلے میں جیسا کہ پہلے عرض کیا جا چکا ہے۔ کسی قسم کا نیا مواد تیار نہیں کیا گیا ہے بلکہ اس موضوع پر موجود کتابوں میں سے بہتر سے بہتر مواد کے انتخاب پر ہی اکتفا کیا گیا ہے۔ کتاب کی تیاری کے سلسلے میں ہندستان کے دور دراز علاقوں میں قائم شدہ اساتذہ کے تربیتی مراکز کے نصابات کو خاص طور پر نہ صرف سامنے رکھا گیا ہے، بلکہ انھیں کو پوری اہمیت دی گئی ہے۔ دلی، علی گڑھ، ممبئی، حیدر آباد میں قائم بی ایڈ کورسیز کے لیے کتابوں کی فراہمی کوئی مسئلہ نہیں ہے، بلکہ یہاں بہت آسانی کے ساتھ کتابیں مل جاتی ہیں۔ یہاں کے اساتذہ بھی دیگر جگہوں کے مقابلے زیادہ باصلاحیت تصور کیے جاتے ہیں۔ لیکن اس کا ہرگز یہ مطلب نہیں کہ یہاں کے طلبہ کا لحاظ نہیں کیا گیا ہے۔ میرا خیال ہے کہ یہ کتاب یکساں طور پر سب کے لئے مفید ہوگی۔ کتاب کے آخر میں کچھ خاص مشکل الفاظ اور ان کے انگریزی متبادل دے دیے گئے ہیں تا کہ وہ لوگ جو اردو سے کم واقفیت رکھتے ہیں ضرورت پڑنے پر کتاب سے استفادہ کر سکیں۔ کتاب کے مختلف اسباق کی سرخیوں اور ان کی ذیلی سرخیوں کے انگریزی متبادل بھی اسی مقصد سے دیے گئے ہیں۔ املا کے حوالے سے جو سبق کتاب میں دیا گیا ہے، اس کا بیشتر حصہ رشید حسن خاں مرحوم کی کتابوں سے اخذ کیا گیا ہے۔ میر کے بعض

اشعار کی تشریح کے لیے شعر شور انگیز سے مدد لی گئی ہے۔ اس کا مقصد صرف یہی ہے کہ طلبہ تک جو بھی معلومات پہنچے وہ سطحی یا یک رخی نہ ہو۔ آخر میں کتابیات کی فہرست دی گئی ہے۔ تاکہ طلبہ اگر ان کتابوں کا براہ راست مطالعہ کرنا چاہیں تو انھیں کوئی دشواری نہ ہو۔

مجھے قوی امید ہے کہ یہ کتاب زیر تربیت اساتذہ کے لئے مفید ثابت ہوگی۔ سب سے پہلے تو میں ان لوگوں کا مشکور ہوں جن کی تحریریں اس کتاب میں شامل ہیں۔ اللہ تعالی ان تمام بزرگوں کو جزائے خیر دے۔

کتاب کی تیاری میں صدیق مکرم ڈاکٹر صہیب عالم اور برادر عبدالحمید کا غیر معمولی تعاون مجھے حاصل رہا ہے۔ کتاب کا ابتدائی خاکہ انھیں کے مشورے سے تیار ہوا۔ اس علمی کار خیر کے لیے میں ان کا بے حد مشکور ہوں۔ ڈاکٹر نجم السحر ثاقب نے انگریزی کے معاملات اور مسائل میرے لیے آسان کیے۔ برادرم سیف الدین نے پروف اور تصحیح کے مراحل میں میری بہت معاونت کی۔ اللہ تعالی ان کے اخلاص کو قبول فرمائے۔

والدین کریمین کی دعائیں اور آرزوئیں میری زندگی کا سب سے قیمتی سرمایہ ہیں۔ اللہ تعالی ان کا سایہ تادیر قائم رکھے۔

عمیر منظر
شعبۂ اردو
جامعہ ملیہ اسلامیہ، نئی دہلی

تعلیم کیا ہے؟
(What is Education)

درس وتدریس اور تعلیم (Learning and Teaching)

ڈاکٹر ذاکر حسین نے ایک جگہ بہت پتے کی بات کہی ہے، لکھتے ہیں میری زندگی کے دو اہم مشغلے ہیں۔ ایک درس وتدریس، دوسرا باغبانی میں دلچسپی۔ آگے لکھتے ہیں اگر نظریۂ تناسخ کی کوئی حقیقت ہوتی اور میں اس کا قائل ہوتا تو یقیناً میں پچھلے جنم میں مالی تھا''۔

بنیادی طور پر ایک معلم کا کام بچوں کی تعلیم اور تربیت ہے۔ وہ ان کی جسمانی، ذہنی ، جذباتی اور اخلاقی قوتوں کو فروغ دیتا ہے۔ دوسری طرف ایک مالی کا کام یہ ہوتا ہے کہ وہ پودوں کی عمدہ نگرانی ونگہداشت کرے اور ان کی بہترین نشوونما کے لئے ہمہ وقت سرگرم عمل رہے۔ ایک کا کام بچوں کی اور دوسرے کا کام پھول پودوں کی صلاحیت کو نکھارنا اور ان کی نشونما کرنا ہوتا ہے۔ اس طرح دونوں کے کاموں میں حد درجہ مماثلت اور ایک رنگی ہوتی ہے اور غور کیجئے تو ایک معلم حقیقتاً مالی ہی ہوتا ہے۔ آخر اسکول کے یہ ننھے ننھے بچے پھول ہی تو ہوتے ہیں۔ شاید یہی وہ احساس تھا جب جرمنی کے مشہور ماہر تعلیم فروبل (Froebel) نے اسکول کو کنڈرگارٹن (اسکول کا باغ) اور بچوں کو اس باغ کے خوشنما پھولوں سے تعبیر کیا تھا۔

البتہ یہ انتہائی دکھ کی بات ہے جب دنیا کے بہت سارے علاقوں خصوصاً ترقی پذیر ممالک میں باغ کے ان بہت سارے پھولوں کو کھلنے کا موقع نہیں ملتا یا کھلنے سے پہلے مرجھا دیے جاتے ہیں، جب کہ آج ایک ایسی دنیا میں جس میں ہم اور آپ جی رہے ہیں، جہاں مختلف علوم اپنی ترقی کی آخری حدوں کو چھو رہے ہیں اور جہاں سائنس اور ٹکنالوجی آسمان سے آنکھیں ملا رہی ہے۔ ایسی تابناک روشنی میں جہالت اور ناخواندگی کے اندھیروں کا تصور نہیں کیا جا سکتا سچ تو یہ ہے کہ آج انسان کو ایک خوبصورت اور باوقار زندگی گذارنے کے لئے عمدہ اور متوازن تعلیم ایک لازمی شرط بن گئی ہے۔ تعلیم کی اہمیت اور اس کی قدر و منزلت کا اندازہ اس امر سے لگایا جا سکتا ہے کہ آج کسی جمہوریت میں حکومت کو اپنے شہریوں کے لئے جن چند ناگزیر ضروریات کو فراہم کرنا لازمی ہے، ان میں سرفہرست ایک عمدہ اور متوازن خوراک ہے اور دوسری عمدہ اور متوازن تعلیم۔

تعلیم میں نفسیات (Psychology in Education)

آج تعلیم کا پورا مزاج بدلا ہوا ہے۔ کل تک اسکول کی فضاؤں میں آمرانہ نظام کی ہولناکیاں تھیں، یعنی استادوں کے حکم نامے ''شاہی احکام'' کا درجہ رکھتے تھے۔ جسمانی سزائیں عام تھیں، لیکن ۱۸ویں صدی کے وسط میں فرانس کے مشہور ماہر تعلیم روسو (Rousseau) کی اساتذہ کے حوالے سے ایک نئی اور اجنبی آواز سنائی دی ''Hands off'' (اپنے ہاتھوں کو روکو)۔ اس نئی آواز نے تعلیمی دنیا کی ساری فضا یکسر بدل دی۔ اس نے مزید کہا: ''ایک بچہ بچہ ہے اور ایک آدمی آدمی، دونوں کو اپنا اپنا حق و حصہ دو''۔ یہ تعلیمی دنیا میں نفسیات کا نقطۂ آغاز تھا۔ آہستہ آہستہ ترقی یافتہ مغربی دنیا میں یکے بعد دیگرے بڑے بڑے ماہرین تعلیم مثلاً فروبل، مانٹسری، پٹسالوزی، اسپنسر، ہربرٹ اسپنسر، رسل، ڈیوی وغیرہ نے مجموعی طور پر تعلیم میں نفسیات کی اہمیت پر زور دیتے ہوئے روسو ہی کے نظریے کی تائید

اور وکالت کی۔ اس طرح آخر کار پورا تعلیمی منظر نامہ نفسیات سے آمیز ہو گیا۔ گویا تعلیم کی دنیا میں ایک انقلاب عظیم برپا ہو گیا۔ اب اسکولوں سے جسمانی سزائیں یکلخت موقوف ہو گئیں۔ کل تک اسکولوں میں یہ مقولہ گردش کرتا رہا "Spare the rod and spoil the child" یعنی ڈنڈے کا استعمال نہ کرنا گویا بچوں کو برباد کرنا ہے۔ چنانچہ اس نظریے کے تحت اساتذہ کرام ان ڈنڈوں کا بے تحاشا اور غلط سلط استعمال کرنے کے عادی تھے۔ لیکن آج ان ڈنڈوں کی جگہ بچوں کی نفسیات کو ان کے جسمانی، سماجی اور معاشی پس منظر میں سنجیدگی سے جاننے اور سمجھنے کی کوشش کی جاتی ہے۔ بلکہ آج ایک اچھے استاد کے لئے کلاس میں شخصی اختلافات (Individual Differences) کا علم رکھنا ایک ضروری خصوصیت بن گئی ہے۔ آج کوئی استاد اگر غلطی یا ناسمجھی سے کسی بچے کو جسمانی سزا دیتا ہے تو اسے اس ٹیچر کی زندگی کا تاریک ترین پہلو (Saddest part of the teacher's life) سمجھا جاتا ہے۔

تعلیم کا مزاج (Nature of Education)

تعلیم کی دنیا میں آج کا عہد بچوں کا عہد ہے۔ اسکول میں بچے وہ مرکزی نقطہ ہیں جس کے گرد سارا اسکول گردش کرتا ہے۔ ٹیچرس، والدین، گارجین، ڈاکٹرس اور نفسیات کے ماہرین سب کے سب مل کر بچوں کی فلاح و بہبود اور ان کی تعمیر و ترقی میں لگے ہوتے ہیں۔ یہاں تک کہ اسکول کی عمارت بھی اسی نکتہ کو نگاہ میں رکھ کر تعمیر کی جاتی ہے کہ وہاں کسی طالب علم کو کسی طرح کی بھی زحمت نہ اٹھانی پڑے۔ بلکہ اسکول بلڈنگ اس کے لئے آسانیوں، دلچسپیوں اور سکون کا منبع و مرکز ہو۔ ماہرین کے مطابق تعلیم اگر دماغ ہے تو اسکول اس کا جسم ہے۔ ظاہر ہے ایک توانا اور تندرست جسم میں ہی ایک صحت مند دماغ نشو و نما پا سکتا ہے۔ آج ساری دنیا میں بہترین صلاحیت اور شاندار کارکردگی (Efficiency and Excellence) کا دور ہے جہاں درمیان میں اور سرحد پر رہ جانے والے بچوں کا گذر

نہیں۔ آج وہی بچے ابھر کر آگے نکل سکیں گے جن کے سینوں میں صلاحیت کے شعلے لپکتے ہوں اور جنھوں نے لائق ٹیچرس کی گائڈنس میں شب و روز خلوص کے ساتھ محنت و مشقت کی ہو، اس صورت حال میں ٹیچرس کی ذمہ داریاں مزید بڑھ گئی ہیں۔ انہیں بچوں کو عمدہ اور متوازن تعلیم دینے کے سوا ان کی صحیح سمت میں رہنمائی بھی کرنی ہوتی ہے تاکہ یہ بچے نئے دل و دماغ اور نئے تشخص کے ساتھ مفید و کارآمد اور ذمہ دار شہری بن کر اپنے معاشرے قوم و ملت اور وطن عزیز کی بہتر طور سے خدمت کر سکیں۔

تعلیم کے مقاصد (Objectives of Education)

علم و آگہی سے روشناسی بخشنے کے سوا تعلیم کا بنیادی مقصد ذہن سازی اور کردار کی تعمیر و تشکیل ہے۔ اس طرح ٹیچر کا اولین فرض یہ ہے کہ وہ محض درسی کتابوں اور نصاب کی بھول بھلیوں میں الجھ کر نہ رہ جائے، بلکہ وہ اپنی تمام تر ٹیچنگ اور اپنی پوری شخصیت کے جادو سے اسکول میں ایسی دلکش اور صحت مند فضا تیار کرے جو بچوں کی شخصیت سازی میں ممد و معاون ہو، اس کے لئے ٹیچر کو اپنی زندگی شاگردوں کے آگے نمونہ کے طور پر پیش کرنا ہوگی۔ اس کا طریقۂ تدریس، اس کا انداز گفتگو، اس کا لباس، اس کی نشست و برخاست، غرض اس کی پوری طرز معاشرت بچوں کے نوخیز ذہنوں کو بے حد متاثر کرتی ہے۔ چنانچہ اسے ایک لائق استاد ایک لائق آدمی بننے کی خاطر برابر مطالعہ کرتے رہنا ہوگا اور مسلسل نئے علوم سے خود کو بہرہ ور کرنا ہوگا۔ وہ اس بات کو ہمیشہ یاد رکھے گا کہ عمدہ سے عمدہ تعلیم بھی اس قیمتی گاڑی کے مانند ہے جو نہ چلنے کی صورت میں بیکار اور ازکاررفتہ ہو جاتی ہے۔ ایک پڑھا لکھا شخص ہمہ وقت چوکنا اور فعال رہتا ہے۔ یقیناً تعلیم ایک دیدبان (Watchtower) ہے جو ہر لمحہ ہر ساعت ذات کا احتساب کرتا ہے۔

1952 میں مڈیلیئر تعلیمی کمیشن (Mudaliar Education Commission) نے سکنڈری اسٹیج کے بچوں کی تعلیم پر اپنی رپورٹ پیش کرتے ہوئے کہا

کہ ان بچوں کی تعلیم ایسی عمدہ اور متوازن ہو جو ان کی مخفی صلاحیتوں کو ابھار دے، یہاں تک کہ وہ تکمیل شخصیت کی حدوں کو چھولیں۔ اس کے لئے کمیشن نے اس کلی کی مثال دی جو عمدہ فضا میں کھل کر شگفتہ پھول بن جائے اور اپنے پورے شباب کو پہونچ جائے۔ کمیشن نے اپنی اصطلاح میں اسے ''Fullbloom'' سے تعبیر کیا۔ گویا ثانوی سطح پر ٹیچنگ کا یہ مقصد ہے کہ بچے Full bloom کو پہنچ جائیں۔ یعنی ایک خوبصورت تناسب کے ساتھ ان کی جسمانی ،ذہنی اور جذباتی قوتوں کو مکمل فروغ حاصل ہو اور وہ اپنی ہمہ جہت ترقیوں سمیت معاشرہ کے صحت مند و دلکش افراد کی صورت میں اپنے فرائض کی انجام دہی میں سرگرم عمل ہوں۔ کہا جاتا ہے کسی معاشرہ اور ملک کی صحت و عدم صحت کا اندازہ وہاں کے نظام تعلیم کی صحت و عدم صحت سے لگایا جاسکتا ہے۔ چنانچہ چینی کہاوت ہے: ''بیج بونے کے لئے ایک سال کا منصوبہ، پیڑ بونے کے لئے دس سال کا منصوبہ اور انسان بونے کے لئے سو سال کا منصوبہ درکار ہوتا ہے''۔ گویا ملک میں عمدہ صحت مند جسم و دماغ کے افراد پیدا کرنے کی خاطر ایک لمبا صحت مند تعلیمی پروگرام ضروری ہے۔ یقیناً اچھے اور لائق ٹیچرس اپنی اعلیٰ تعلیم ، بہترین صلاحیت، عمدہ کارکردگی اور بہترین نظم وضبط سے اسکول کے صحن میں ایک دلکش انقلاب برپا کرسکتے ہیں۔ ماہرین کا تو یہاں تک کہنا ہے کہ لاکھوں روپیوں سے بنی ہوئی اسکول کی شاندار عمارت بیکار اور دوکوڑی کی ہے اگر اس کے اساتذہ بے صلاحیت، نالائق اور مردہ دل ہوں۔ دوسری طرف اگر ٹیچرس لائق، باصلاحیت اور روشن دماغ ہوں تو اسکول کی اندھی کوٹھری بھی بدرجہا بہتر ہے۔ اچھے ٹیچرس کا اسکول میں وہی رول ہوتا ہے جو اس روئے زمین پر سورج کی حرارت اور تابناکی کا ہوتا ہے۔ شاید اسی لئے ٹیگور نے ٹیچرس کی مثال چمکتے دمکتے سورج (Blazing Sun) سے دی ہے۔ پروفیسر ہمایوں کبیر کو پورا یقین ہے کہ خراب اور بے صلاحیت استادوں کے درمیان تعلیم کا بہتر سے بہتر نظام بھی بہر حال ناکام ہوجائے گا جب کہ لائق اور باصلاحیت ٹیچرس کی موجودگی میں ایجوکیشن سسٹم کی ساری

خرابیاں خود بخود دور ہو جاتی ہیں۔ ڈاکٹر پائرس (Dr. E. Piers) تو یہاں تک کہہ جاتے ہیں کہ اگر کسی ملک کے ٹیچرس تھرڈ ریٹ یعنی C/3 درجہ ہیں تو اس ملک کے نصیب میں ہے کہ وہ C/3 درجہ ہی کا ہوگا اور اگر ملک کو فرسٹ کلاس یعنی A/1 ہونا ہے تو وہاں کے ٹیچروں کو A/1 ہونا پڑے گا۔ اس میں کسی شبہ کی گنجائش نہیں۔

تعلیم کے عظیم تر مقاصد (Comprehensive Objectives of Education)

اس کے علاوہ تعلیم کا بڑا مقصد یہ ہے کہ طلبہ کی شخصیت میں نکھار آ جائے اور ان کا آئینۂ حیات چمک اٹھے۔ ان کی نگاہوں میں بلندی، ذہنوں میں کشادگی اور سینوں میں وسعت پیدا ہو جائے۔ ان کے وجود کا ایک ایک تار نئی امنگوں اور نئے حوصلوں سے جھنجھنا اٹھے۔ ان کی تعلیم انہیں ایسی آگہی اور عرفان بخشے کہ وہ زندگی کی اعلیٰ قدروں کے پیامبر اور پاسبان بن جائیں اور وہ اس شعور کے ساتھ زندگی گذاریں کہ دنیا کے سارے لوگ خواہ وہ کسی رنگ ونسل، قوم وخطے کے ہوں اور کسی زبان کے بولنے والے ہوں وہ سب کے سب ایک سے احساسات وجذبات، ایک سی امنگوں وآرزوؤں اور ایک سی اچھائیوں اور کمزوریوں سمیت بنیادی طور پر انسان ہیں۔

ایٹم کی ایجاد کے شروع کے دنوں میں امریکہ کے ایٹمی کمیشن کے سابق چیئرمین گورڈن نے رگوں میں خون منجمد کرنے والی اس حقیقت کا انکشاف کر کے ساری دنیا کو تھرا دیا۔

''ایٹم کسی رنگ وخون اور قوم کو نہیں پہچانتا''

اس حقیقت کے سامنے آتے ہی یہ اربوں انسانوں کی لمبی چوڑی بستی سمٹ کر ایک چھوٹا سا خاندان بن گئی ہے۔ آج تعلیم ہمیں یہ علم وآگہی اور شعور بخشتی ہے کہ ہمیں دنیا کے ساتھ کندھے سے کندھا ملا کر چلنا ہے اور ہمیں یہ بات اچھی طرح ذہن نشین کر لینی ہے کہ اب

یہاں کوئی درمیانی راستہ نہیں۔ ہمیں ایک ہی ساتھ تیرنا ہے یا پھر ایک ہی ساتھ ڈوبنا ہے۔

کل تک تعلیم کا عظیم مقصد بہر طور پر اپنے ملک کی خدمت تھی، شاید اسی لئے رادھا کرشنن تعلیمی کمیشن (49-1948) نے اسے ''ملک کی تعمیر کا عمل'' (Nation-building activity) قرار دیا تھا۔ لیکن عالمگیریت (Globalisation) کے اس نئے دور نے اس کے کینوس (Canvas) کو وسیع تر کر دیا ہے۔ اپنی ذاتی صلاحیتوں کو ابھارنے، خود کو سماج کا ایک مفید فرد بنانے اور پورے معاشرے، قوم اور وطن کی خدمت کرنے کے سوا آج تعلیم کا عظیم تر مقصد یہ ہے کہ بچے ساری دنیا کے شہری بنیں اور اپنی قوم و ملک کی خدمت کرنے کے علاوہ پوری انسانیت کی خدمت کے جذبوں سے سرشار ہوں، ساتھ ہی ان کی تعلیم انہیں مجبور کرے کہ وہ ہر غلط بات، غلط نظام، ظلم و استحصال اور ناانصافیوں کے سخت مخالف ہوں۔ اس کے برعکس ہر سچائی، اعلیٰ انسانی قدروں، جمہوریت، سیکولرازم اور تقریر و تحریر کی آزادی کے پرزور موید بھی ہوں اور مبلغ بھی۔

اردو زبان کا آغاز

(Origin of Urdu Language)

تاریخی پس منظر (Historical Background)

ہندوستانی لسانیات کی تاریخ اس بات کی شاہد ہے کہ ایک ہزار سن عیسوی کے قریب راجپوتوں کے زوال کے ساتھ ساتھ اب بھرنش کی قسمت کا ستارہ بھی غروب ہونے لگا اور اس کے بطن سے جدید آریائی (ہندوستانی) زبانیں پنجابی، گجراتی، مراٹھی، راجستھانی، بنگالی، اڑیا، مشرقی ہندی بہاری اور مغربی ہندی جس کی ایک شاخ کھڑی بولی جو دہلی اور نواح دہلی میں بولی جاتی ہے اور جس پر اردو کی بنیاد قائم ہے ابھرنے لگی تھیں۔ عین اسی زمانے میں مسلمانوں کے فوجی، لشکر اور مسلمان صوفیائے کرام شمال مغربی راستوں سے ہندوستان میں داخل ہوئے۔ یوں تو ہندوستان سے عربوں کے تجارتی تعلقات بدستور قائم رہے لیکن فاتح کی حیثیت سے مسلمانوں کا پہلا قافلہ محمد بن قاسم کی سرکردگی میں ۷۱۲ء میں آیا۔ انہوں نے کئی برس تک سندھ میں حکومت کی لیکن وہ سندھ سے آگے نہ بڑھ سکے۔ پھر گیارہویں صدی عیسوی سے محمود غزنوی اور محمد غوری کے مسلسل حملوں کے بعد ۱۲۰۱ء میں

مسلمانوں کی ہندوستان میں باقاعدہ سلطنت قائم ہوگئی اور بڑے استحکام کے ساتھ اورنگ زیب عالم گیر کے زمانے تک قائم رہی بعد میں مسلمانوں کی مملکت کا زوال شروع ہوا اور آخر کار ۱۸۵۷ء کے انقلاب نے مسلم حکومت کی بساط الٹ دی اور انگریز ہندوستان پر قابض ہو گئے، آٹھ سو برس کا یہ زمانہ بڑی تاریخی تبدیلیوں اور ترقی کا زمانہ ہے۔ اس دور نے ہمیں قطب مینار، لال قلعہ اور تاج محل دیا۔ اس دور نے چشتی، کبیر اور نانک کا پیغام دیا اور اسی دور کے تہذیبی میل جول اور تمدنی ترقی نے اردو کا خاکہ بنایا۔

محمد بن قاسم کی سرکردگی میں جو مسلمان ہندوستان آئے اور جنھوں نے سیکڑوں برس حکومت کی وہ عرب تھے، عربوں کے اثر سے موجودہ سندھی زبان پیدا ہوئی جو عربی رسم الخط میں لکھی جاتی ہے اور جس میں سیکڑوں عربی و فارسی کے الفاظ شامل ہیں۔ عرب سندھ کے تعلقات آگے نہ بڑھ سکے وہ ایک خطہ میں محدود ہو کر رہ گئے۔ ہندوستان کی عام زندگی پر ان کا کوئی اثر قائم نہیں ہوا لیکن ۱۱۰۰ء کے قریب محمود غزنوی کے حملے سے پنجاب میں مسلمانوں کی حکومت قائم ہوئی۔ غزنویوں کی حکومت محض جابرانہ حکومت نہیں تھی بلکہ اس زمانے میں تہذیبی لین دین بھی ہوا۔ محمود اور اس کے خاندان کے لوگ علم دوست تھے۔ ابوریحان بیرونی (۹۷۰ء سے ۱۰۳۸ء) کے حوالے سے یہ بات کئی مورخوں نے لکھی ہے کہ اس عہد میں اکثر یونانی اور سنسکرت کتابوں کے ترجمے فارسی اور عربی زبان میں ہوئے۔ غزنوی فوجوں میں ہندو سپہ سالار ملازم تھے اور تمام رعایا کے ساتھ رواداری کا برتاؤ ہوتا تھا، فارسی کے مستند شعرا کے یہاں اکا دکا ہندوستانی الفاظ بھی نظر آتے ہیں اور یہی نہیں محمد عوفی نے (لب الالباب) اور امیر خسرو نے (دیباچہ غرۃ الکمال) میں مسعود سعد سلمان کو فارسی اور عربی کے علاوہ ہندی کا بھی شاعر بتایا ہے۔ ظاہر ہے کہ یہاں ہندی سے مراد ہندوستان کی وہ زبان ہے جو اس علاقہ میں بولی جاتی رہی ہوگی۔ اس مختصر عرصہ میں یہ تہذیبی تعلق بڑی

اہمیت رکھتا ہے۔ محمد غوری کے زمانے میں یعنی بارہویں صدی کے آخر میں مسلمانوں کے تعلقات کی حدیں وسیع ہوگئی تھیں لیکن لسانی اختلاط کی شہادتیں اس درجہ وافر نہیں ہیں جنہیں بنیاد بنا کر کوئی نتیجہ اخذ کیا جا سکے۔ بیسل دیو راسو اور پرتی راج راسو میں جو عربی فارسی کے الفاظ ملتے ہیں ان کی صحت مشکوک ہے لیکن محل، انعام، سلطان، پیغام وغیرہ جس سماجی نوعیت کے الفاظ ہیں ان کا ہندوستانی شعرا کے قلم سے نکلنا تعجب خیز نہیں ہے۔ ان مثالوں سے صاف ظاہر ہو جاتا ہے کہ عوام کی زبان پر الفاظ کا لین دین بڑی تیزی سے شروع ہو گیا تھا اور نئی زبان کا بالکل ابتدائی روپ بننے لگا تھا۔ ۱۱۹۲ء میں سلطان محمود غوری نے پرتھوی راج کو شکست دے کر راجپوت اقتدار کا خاتمہ کر دیا اور ۱۲۰۶ء میں سلطان قطب الدین ایبک نے شمالی ہندوستان میں مسلمانوں کی ایک مضبوط حکومت قائم کر دی۔ اب ہندوؤں اور مسلمانوں کے درمیان زیادہ گہرے اور وسیع تر پیمانے پر تعلقات قائم ہونے کے لئے زمین ہموار ہوگئی۔ یہ وہ زمانہ تھا جب شوسینی اپ بھرنش کی شاخ مغربی ہندی سے برج بھاشا اور کھڑی بولی کی کونپلیں نکل آئی تھیں۔ مسلمانوں کو ملکی اور فوجی ضروریات کے لیے اس علاقہ کی زبان کو استعمال کیے بغیر چارہ نہ رہا ہوگا۔ اردو کی بناوٹ میں کھڑی بولی کو بنیادی اہمیت حاصل ہونے کی ایک اور وجہ یہ بھی ہے کہ دہلی کے بادشاہوں کی فوج انبالہ، کرنال، حصار، اور میواڑ علاقوں سے بھرتی کی جاتی تھی اور ان خطوں میں کھڑی بولی کا چلن تھا۔ "سنیتی کمار چٹرجی" نے لکھا ہے کہ چونکہ کھڑی بولی کا تعلق مسلمان بادشاہوں کے دربار سے ہو گیا تھا اس لئے اسے کھڑی بولی کہا گیا ہے۔ اس علاقہ کی دوسری زبانیں یعنی برج بھاشا وغیرہ کھڑی بولیاں کہلائی جاتی تھیں، مگر یہ محض قیاس آرائی معلوم ہوتی ہے۔ ہوسکتا ہے کہ برج بھاشا کی دم بولی کے مقابلے میں لوگوں نے اسے (لہجہ اور آوازوں کی درشتی کے لحاظ سے) کھڑی یا کھری بولی کہا ہو۔ یا دیرونیوں نے یہ نام دیا ہو۔ بہر حال کھڑی بولی دلی اور مغربی یوپی کے عوام کی بولی تھی مسلمانوں نے اسے سینے سے لگایا جس کی وجہ سے اس میں عربی

فارسی آوازوں کے داخل ہونے سے ایک ایسا صوتی نظام بن رہا تھا جس میں فارسی لہجہ اور تلفظ کی کھپت بھی ہو سکے۔ اس طرح کھڑی بولی نے جو ادبی حیثیت سے بالکل ہی تہی دامن تھی اور صرف بول چال کی زبان ہونے کے لحاظ سے ایک چھوٹے علاقہ میں محدود تھی، نئے لسانی عناصر کو جذب کر کے اہمیت اختیار کر لی اور یہیں سے کھڑی بولی کا ارتقا ہوا۔ اس میں علمی اور فنی کتابیں تصنیف ہوئیں۔ مسلمان جہاں گئے دہلی کی یہ ترقی پذیر زبان ان کے ہم رکاب رہی۔ مسلمانوں کی فتوحات کے ساتھ یہ زبان بھی ملک کے گوشے گوشے میں پہنچی اور مقامی بولیوں کو ڈھکیل کر اس نے بہت جلد ایک عام اور ملک گیر زبان کا مقام حاصل کر لیا مختلف اوقات میں یہ ترقی پذیر زبان مختلف ناموں سے موسوم ہوئی۔ مثلاً دکھن میں دکنی ، گجرات میں گجراتی، شمالی ہند میں ریختہ اور اردو اور اردوئے معلیٰ کے نام اسے دیے گئے۔ اردو کے آغاز وارتقاء کے سلسلے میں نہ صرف ہندوستانی بلکہ مغربی ماہرین لسانیات، اس کو ایک کھچڑی زبان تصور کرتے ہیں یا مسلمانوں کی وضع کردہ زبان سمجھتے ہیں بے شک اس کی نشو ونما مسلمانوں کی سرپرستی اور ان کے سیاسی اقتدار کے زیر سایہ ہوئیلیکن زبان خود مسلمانوں کی دہلی میں آمد سے پہلے موجود تھی اور بازار ہاٹ میں بولی جاتی تھی۔ اگر مسلمان ہندوستان نہ آتے تب بھی جدید آریائی زبانیں (جن میں سے ایک کھڑی بولی ہے اور جس کی ادبی شکل کو اردو کہتے ہیں) بہر حال پیدا ہوتیں لیکن اتنا اقرار کرنا پڑے گا کہ انہیں جو سنجیدہ ادبی حیثیت حاصل ہوگئی ان میں ضرور دیر ہوتی۔

اردو کی ابتدا کے متعلق مختلف نظریات

(Different Theories on the Origin of Urdu)

ماہر لسانیات نے اردو کی ابتدا کے متعلق مختلف نظریات پیش کیے ہیں، اور اردو کے آغاز وارتقا کا سلسلہ ہندوستان میں مسلمانوں کی آمد، یہاں کے مقامی باشندوں اور ان کے میل جول وشادی بیاہ کے قائم ہونے سے جوڑا ہے۔ ماہرین لسانیات کا خیال ہے کہ ہندوستان میں مسلمانوں کی آمد کے بعد یہاں کی جدید ہند آریائی زبان کی رفتار ترقی تیز ہوگئی اور یہاں کے مختلف علاقوں میں جو زبان بولی جاتی تھی چمک اٹھی تھی۔ ہندوستان پر محمود غزنوی نے ۱۰۰۱ء سے ۱۰۲۷ء تک مسلسل حملے کیے اور مسلمانوں نے پنجاب میں مستقل حکومت قائم کرلی، رفتہ رفتہ مسلمان سارے پنجاب میں پھیل گئے اور دوسو سال تک پنجاب میں قیام کیا اس دوران پنجابیوں سے مسلمانوں کے مضبوط سماجی رشتے قائم ہوگئے اسی گہرے میل جول اور مضبوط تہذیبی رشتوں کی بنیاد پر مشہور عالم حافظ محمود شیرانی نے یہ نتیجہ نکالا کہ وہ زبان جسے ہم اردو کہتے ہیں سرزمین پنجاب میں پیدا ہوئی اور وہیں سے ہجرت کر کے دہلی پہنچی۔ پروفیسر شیرانی نے اپنی مشہور تصنیف ''پنجاب میں اردو'' میں بڑے مفصل اور مدلل انداز میں پیش کیا ہے۔ مرحوم شیرانی تحریر فرماتے ہیں کہ اردو دہلی کی قدیم زبان نہیں ہے بلکہ وہ مسلمانوں کے ساتھ دہلی جاتی ہے کیوں کہ مسلمان پنجاب سے ہجرت کر کے دہلی گئے تھے، اس لئے ضروری ہے کہ پنجاب سے کوئی زبان اپنے ساتھ لے گئے ہوں گے۔''

پروفیسر شیرانی نے تاریخی دلائل پیش کر کے پنجابی، اردو اور قدیم دکنی اردو کے مشترکہ لسانی خصوصیات کا تذکرہ کیا ہے اور اگرامر کے تقابلی مطالعہ کے بعد وہ اس نتیجے پر پہنچتے ہیں کہ اردو پنجاب میں پیدا ہوئی۔ ڈاکٹر مسعود حسین خاں نے ''مقدمہ تاریخ زبان اردو'' میں محمود شیرانی کے اس نظریہ کی بڑی تنقید کی ہے اور لکھا ہے کہ قدیم اردو اور دکنی کی جو خصوصیات محمود شیرانی نے پنجابی زبان سے منسوب کی ہیں وہ دہلی اور نواح دہلی اور خصوصاً ہریانوی میں پائی جاتی ہیں۔ ڈاکٹر زور نے بھی یہی خیال ظاہر کیا ہے کہ اردو اس زبان پر مبنی ہے جو پنجاب میں بارہویں صدی میں بولی جاتی تھی۔ گراہم بیلی (Grahumbely) جو لسانیات کے ماہر تھے وہ بھی پروفیسر شیرانی کے نظریہ کی تقلید کرتے ہیں۔ انہوں نے رسالہ ''رائل ایشیاٹک سوسائٹی'' میں لکھا ہے کہ اردو، ۱۰۲۵ء لگ بھگ لاہور میں پیدا ہوئی، قدیم پنجابی اس کی ماں ہے اور قدیم کھڑی بولی سوتیلی ماں ہے۔ برج بھاشا سے براہ راست کوئی رشتہ نہیں ہے مسلمان سپاہیوں نے پنجابی کے اس روپ کو جو ان دنوں دہلی کی قدیم کھڑی بولی سے زیادہ مختلف نہ تھا اختیار کیا اور اس میں عربی فارسی الفاظ اور فقرے شامل کر دیئے جو بعد کو اردو یا ریختہ کہلائی''۔

ڈاکٹر مسعود حسین خاں نے اپنی مشہور تصنیف ''مقدمہ تاریخ زبان اردو'' میں اردو کے پنجابی زبان سے ماخوذ ہونے کے نظریہ پر تنقید کی ہے اور انہوں نے نواح دہلی کی بولیوں سے قدیم دکنی زبان کی بعض خصوصیات کا تقابلی مطالعہ کیا ہے اور ایک نئے لسانی نظریہ کی تائید کی ہے۔ انہوں نے دہلی کے چاروں طرف جو بولیاں بولی جاتی تھیں ان کو اہمیت دی ہے اور لکھا ہے کہ ''دہلی چار بولیوں پر واقع ہے۔ (۱) ہریانوی (۲) کھڑی بولی (۳) برج بھاشا (۴) میواتی۔

پروفیسر مسعود حسین خاں کا خیال ہے کہ اردو کے ارتقا میں ان تمام بولیوں کے

اثرات مختلف زبانوں میں پڑتے رہے۔ ہریانوی نے قدیم اردو کی تشکیل میں حصہ لیا۔ کھڑی بولی نے جدید اردو کا ڈول تیار کیا۔ برج بھاشا نے اردو کا معیاری لب ولہجہ متعین کیا اور میواتی نے قدیم اردو پر اپنے اثرات مرتب کیے۔ چنانچہ مسعود حسین خاں کا نظریہ ہے کہ نواح دہلی کی یہ بولیاں اردو کا اصل منبع اور سرچشمہ ہیں اور حضرات دہلی اس کا صحیح تقلید ہیں۔ لیکن اردو کی ابتدا اس وقت تک ممکن نہ ہوسکی شہاب الدین غوری نے دہلی کو فتح کرکے اس کو اپنا پایہ تخت بنایا اور پھر سارے دہلی پر اس کی فوجوں نے قبضہ کرکے بستیاں بسالیں۔۔

محمد غوری کے فتح دہلی ۱۱۹۳ء کے پورے سو سال کے بعد علاؤالدین خلجی کی فوجیں دکن پہنچتی ہیں۔ علاؤالدین خلجی نے ۱۲۹۴ء میں دیوگری کو فتح کیا اور اس کے بعد دکن پر کئی حملے کیے بعد ازاں محمد تغلق نے ۱۳۲۸ء میں دکن پر چڑھائی کی اور وہ اپنے ساتھ دہلی کی بہت بڑی آبادی کو بھی دکن لے گیا۔ بعض لوگوں نے لکھا ہے کہ محمد تغلق کی چڑھائی جو ۱۳۲۸ء میں ہوئی تھی اس میں دہلی بالکل ویران ہوگئی تھی بہرحال محمد تغلق کے ساتھ اردو بولنے والے دکن پہنچے لیکن بعض مصلحتوں کی وجہ سے محمد تغلق نے اپنا پایہ تخت دیوگری (دولت آباد) کو بنایا اس لیے دہلی کی کثیر آبادی ترک وطن کرکے دیوگری (دولت آباد) چلی گئی لیکن دو سال کے بعد محمد تغلق نے دہلی کو پھر اپنا دارالسلطنت بنایا۔ لیکن بہت سے خاندانوں نے وہاں سے کوچ کرنا پسند نہیں کیا اور وہیں بس گئے اور وہ زبان جو دکن گئی تھی ابھی ناپختہ تھی اور اپنے تشکیلی دور سے گزر رہی تھی۔ ۱۳۲۸ء میں جب دکن کی سلطنت کا قیام عمل میں آیا تو اردو کی قدر ومنزلت بڑھ گئی اس کے بعد بہمنی سلطنت ٹوٹ کر پانچ حصوں میں تقسیم ہوگئی ان میں سے بیجاپور کی عادل شاہی سلطنت ۱۴۹۰ سے ۱۶۸۴ تک اور گول کنڈی کی قطب شاہی سلطنت ۱۵۱۲ء سے ۱۶۸۷ء تک کے فرمانروا اردو کے قدرداں رہے اور انہوں نے اردو کی خوب سرپرستی کی جس سے دکن میں اردو کو پھلنے پھولنے کا موقع ملا۔

مشہور انشا پرداز محمد حسین آزاد نے ''آب حیات'' میں اردو زبان کے بارے میں لکھا ہے کہ اردو برج بھاشا سے نکلی ہے۔ وہ لکھتے ہیں اتنی بات ہر شخص جانتا ہے کہ ہماری زبان اردو برج بھاشا سے نکلی ہے اور برج بھاشا ہندوستانی زبان ہے''۔ اس نظریہ کی کسی زمانے میں عالمی حلقہ میں بڑی دھوم تھی اور برج بھاشا کو اردو زبان کی ماں سمجھا جاتا تھا بعض دوسرے مصنفین نے بھی اردو کو برج بھاشا سے منسوب کیا ہے۔ میرامن نے باغ و بہار میں، سرسید احمد خاں، امام بخش صہبائی اور سید شمس اللہ قادری نے اپنے اپنے مضامین میں لکھا ہے کہ اردو برج بھاشا سے نکلی ہے لیکن اس نظریہ کی تردید اور تنقید پروفیسر محمود شیرانی نے اپنی تصنیف ''پنجاب میں اردو'' میں کی ہے۔ مسعود حسین خاں نے ''مقدمہ تاریخ زبان اردو'' اور ڈاکٹر شوکت سبزواری نے ''داستان زبان اردو'' میں ثابت کیا ہے کہ ان دونوں زبانوں میں ماں بیٹی کا رشتہ نہیں ہے بلکہ بہنوں کا رشتہ ہے اردو کے برج بھاشا سے نکلنے کا کوئی لسانی جواز نہیں ہے لیکن برج بھاشا کی امتیازی حیثیت اور اہمیت کی وجہ سے لوگوں میں یہ خیال پیدا ہوا ہوگا کیوں کہ آگرہ عرصہ دراز تک پایۂ تخت رہا اس کے علاوہ برج میں کلاسیکل سنگیت اور شاعری ہوتی تھی۔ امیر خسرو نے جو شاعری کی ہے اس پر بھی برج کے اثرات پائے جاتے ہیں۔ اس کے علاوہ کبیر داس، گرونانک جی اور رام دیو کے کلام میں بھی برج کے نمونے پائے جاتے ہیں۔ اکبر کا درباری شاعر عبدالرحیم خان خاناں برج بھاشا کا مشہور شاعر گزرا ہے۔ سکندر لودھی نے جب آگرہ کو اپنا پایہ تخت بنایا تو برج بھاشا کو پھلنے پھولنے کا موقع ملا۔ اکبر، جہاں گیر اور شاہ جہاں کے عہد میں برج بھاشا کو بہت فروغ حاصل ہوا۔ اس زمانے میں ادبی اظہار کے لیے برج بھاشا شمالی ہند کی ترقی یافتہ زبان تھی۔ اس طرح نواح دہلی کی تمام بولیوں میں اس کو ایک خاص مرتبہ حاصل تھا اور پھر اہل علم اس کی مقبولیت سے واقف تھے غالباً اس لئے مسعود حسین خاں نے لکھا ہے کہ ''مولانا محمد حسین آزاد نواح دہلی کی بولیوں کے نازک اختلافات سے واقف نہیں تھے اس

لیے انہوں نے اپنے دعوی کے ثبوت میں کوئی دلیل پیش نہیں کی اور نہ ہی لسانی حقائق سے بحث کی''۔

اردو کے آغاز کے متعلق ایک نظریہ یہ بھی ہے کہ اردو صرف کھڑی بولی سے بنی ہے۔ ڈاکٹر شوکت سبزداری، سہیل بخاری اور ڈاکٹر گیان چند جین کھڑی بولی کو اردو کی اصل قرار دیتے ہیں۔ گیان چند جین لکھتے ہیں ''لسانی نقطۂ نظر سے اردو ہندی اور کھڑی بولی ایک ہیں اردو کھڑی بولی کا وہ روپ ہے جس میں عربی فارسی الفاظ کسی قدر زیادہ ہیں اور سنسکرت نہیں کے برابر ہیں۔'' ڈاکٹر شوکت سبزواری کا خیال ہے کہ اردو کھڑی بولی سے ترقی پا کر بنی ہے جو دہلی اور میرٹھ کے نواح میں گیارہویں صدی میں بولی جاتی تھی''۔ وہ کھڑی بولی اور ہندوستانی کو ایک ہی زبان تصور کرتے ہیں اور اردو کو اس کی ادبی شکل مانتے ہیں۔ بہر حال مختلف نظریات کی روشنی میں کہا جا سکتا ہے کہ اردو نہ بدیشی بھاشا ہے نہ تو سندھ میں پیدا ہوئی نہ دکن میں پیدا ہوئی نہ پنجاب سے نکلی نہ برج بھاشا سے نکلی بلکہ جیسا کہ ماہرین لسانیات کا خیال ہے کہ دہلی کے چاروں طرف بولی جانے والی بولیوں میں فارسی، عربی کے لفظوں کے ملنے سے اور مغربی ہندی (جو کھڑی بولی کہلاتی ہے) کے میل جول سے ایک نئی زبان کی ارتقاء ہوئی جسے اردو کہتے ہیں۔ ابتدا میں اس پر پنجابی کا زیادہ اثر رہا لیکن دھیرے دھیرے کھڑی بولی ہی اردو کی شکل میں واضح ہوتی چلی گئی۔

ادبی تحریکیں

(Literary Movements)

علی گڑھ تحریک یا سرسید تحریک

(Aligarh Movement or Sir Syed Movement)

۱۸۵۷ء ہندوستانی تہذیبی شاہراہ کا ایک اہم موڑ ہے۔ ایک نئی حکومت کی آمد اور اس کے تسلط سے غلامی اور زبردستی کو بڑھاوا ملا، لیکن اس نئے اقتدار نے اپنے ساتھ لائے ہوئے افکار سے یہاں کی سوسائٹی کو بری طرح متاثر کیا۔ اس موڑ پر روایت پرستی اور روایت شکنی کا زبردست معرکہ بھی تھا۔ آزادی اور حب الوطنی کے جذبات کروٹیں لے رہے تھے۔ غدر کے بعد اس نئی تہذیبی شاہراہ کے اولین راہ رو سرسید تھے۔ انہوں نے ایک طرف تو تہذیبی بنیادوں کی جڑیں مضبوط کیں۔ شگفتہ پہلوؤں کی فنی تعمیر کی۔ دوسری طرف اردو زبان وادب کی قلعہ بندی بھی کی۔ انہوں نے بڑی جانفشانی سے اردو ادب کو ترقی کی راہ پر لگایا۔ ان کی تحریروں نے پوری قوم کے اندر ایک نیا جوش وولولہ پیدا کیا۔ ان کے جاں نثار رفقاء نے ان کے مشن کو بڑھانے میں اہم کردار ادا کیا، ان کے خلوص نے تحریک کی ایک شکل اختیار کرلی جسے ہم علی گڑھ تحریک یا سرسید تحریک کے نام سے جانتے ہیں۔ اس تحریک نے اردو نثر کی کایا پلٹ دی اور اردو ادب نئی بلندیوں سے آشنا ہوا۔

اگر ہم اردو نثر کی تاریخ پر طائرانہ نظر ڈالیں تو حقیقت واضح ہو جائے گی کہ سرسید تحریک سے پہلے اردو نثر کا سرمایہ مختصر تھا۔ فورٹ ولیم کالج کی تصنیفات سے قبل نثری کارناموں میں چند مذہبی رسائل، قرآن مجید کے تراجم، عیسائی مشنریوں کے چند رسائل اور کچھ اخلاقی قصے اور کہانیاں داخل تھیں، فورٹ ولیم کالج میں مختلف زبانوں سے کچھ داستانیں اور کہانیاں اردو میں منتقل ہوئیں، جس میں میر امن کی باغ و بہار کو کافی مقبولیت حاصل ہوئی۔ لیکن لکھنؤ والوں نے میر امن کے سادہ اسلوب بیان کی مخالفت کی اور مقفی و مسجع عبارتوں میں فسانۂ عجائب اور دوسری مختلف کتابیں لکھی گئیں۔ اس کا اثر یہ ہوا کہ سرسید نے اپنی کتاب ''آثار الصنادید'' کو بھی لکھنوی اسلوب میں پیش کیا۔ سرسید کے ادبی کارناموں میں تہذیب الاخلاق سب سے نمایاں اور بہتر کوشش تھی۔ اس میں ادبی اور اخلاقی مضامین شائع ہوئے جو مردہ قوم کی روح کو جگانے میں کافی معاون ثابت ہوئے۔ انہوں نے تہذیب الاخلاق کے ذریعہ سادگی اور سلاست کو فروغ دیا۔ سرسید کی جدوجہد نے اردو زبان کو اس مقام پر لا کھڑا کیا جس نے مستقبل کے ہندی مسلمانوں کو قومی بنیاد بھی فراہم کی اور خاص کر نوجوانوں اور بچوں کی تعلیم و تربیت پر خصوصی توجہ دی۔

سرسید ایک کامیاب اور تجربہ کار مصلح تھے۔ انہوں نے اپنی تحریر و تقریر کے ذریعہ قوم کے تعلیمی، سیاسی، سماجی، مذہبی ادبی اور معاشرتی خیالات میں ایک انقلاب برپا کر دیا، انہوں نے قومی اصلاح کی خاطر مختلف انجمنوں کو قائم کیا محمڈن اینگلو اورینٹل کالج، مسلم ایجوکیشنل کانفرنس سائنٹیفک سوسائٹی، تہذیب الاخلاق اور ایم، اے، او کالج اس کی بہترین مثال ہیں۔

سرسید کے رفقا نے بھی اس تحریک کو اپنی تحریروں و تقریروں کے ذریعہ جلا بخشی، مولانا الطاف حسین حالی، علامہ شبلی نعمانی، ڈپٹی نذیر احمد، نواب محسن الملک اور وقار الملک وغیرہ نے نثر و نظم کے ذریعہ اس تحریک کو آگے بڑھائے اور اس تحریک کو ایک نیا حسن و وقار

عطا کیا جس کی مثال اردو ادب کے تاریخ میں معدوم تو نہیں مفقود ضرور ہے۔

سرسید تحریک کے ذریعہ اردو ادب کی بے پناہ خدمت ہوئی اس کے ذریعہ سادہ اور عام فہم زبان کی ترویج و اشاعت ہوئی۔ سرسید اور ان کے رفقاء کی تحریروں میں کوئی الجھاؤ نہیں تھا۔ وہ سادہ اور واضح پیرایہ بیان اختیار کرتے تھے۔ اسی بنا پر سرسید قواعد کے بھی پابند نہیں تھے۔ ان کا خیال تھا کہ غلط زبان جس کو عوام آسانی سے سمجھ اور بول سکے صحیح زبانوں سے بہتر ہے جس کو سمجھنے میں دقت و پریشانی ہو۔ انہوں نے کبھی اس بات کی پرواہ نہیں کی کہ ان کی زبان کے متعلق لوگوں کی کیا رائے ہے بلکہ غور طلب یہ تھا کہ ان کے جذبات اور احساسات زبان کے ذریعہ عوام پر کیا اثر کرتے ہیں۔ اس طرح سرسید نے زمانے کے مذاق کے برخلاف ایک ایسی طرز تحریر ایجاد کی جو عوام میں بے حد مقبول ہوئی۔ اور مخالفین نے بھی اس طرز تحریر کو اپنایا۔ سرسید نے خود ہی کہا ہے ”جو کچھ لطف ہو وہ مضمون کے ادا میں ہو جو اپنے دل میں ہو وہی دوسروں کے دل میں اترے تا کہ دل سے نکلے اور دل میں بیٹھے“۔

سرسید قدرت بیان کی وجہ سے دوسرے مصنفین سے الگ دکھائی دیتے ہیں۔ تاریخ، فلسفہ، ادب اور مذہب کے لئے الگ الگ پیرایہ بیان اختیار کیا۔ اس میں کوئی شک نہیں کہ سرسید ایک حوصلہ مند انسان تھے۔ محدود فکری بصیرت کے باوجود بڑے بڑے فکر ونظر کو متاثر کیا، یورپ کا سفر کیا، مستشرقین کو اسلامی مخالفت کا کڑا جواب دیا۔ علی گڑھ یونیورسٹی کا قیام کیا۔ ہر طنز اور بات کو سہا، وسائل کی کمی کے باوجود اپنے قلم کے ذریعہ اردو زبان و ادب کی بے پناہ خدمت کی۔

ترقی پسند تحریک (Progressive Movement)

ترقی پسند تحریک ہمارے ادب میں دراصل یورپ کی دین ہے اور اس دور کے حالات وکوائف بھی تحریک کی تشکیل اور اس کے فروغ میں معاون ثابت ہوئے۔ کیونکہ اس

وقت ملک میں ہر چہار جانب قتل و غارت گری اور ظلم و استبداد کا بازار گرم تھا اور جب ملک ایسے حالات سے دوچار ہو تو ایسی حالت میں نغماتِ محبت بے محل و بے وقعت لگنے لگتے ہیں ۔ انقلابات عالم نے شاعروں، ادیبوں اور دانشوروں کو اپنی جانب مبذول کرایا۔ تمام ادیب اس کی جانب متوجہ ہوئے ایسے میں ہندوستانی ادیب بھلا کیونکر اس سے دور رہ سکتے تھے۔ فاشزم کے بڑھتے ہوئے سیلاب سے پورا یورپ متاثر تھا جس کے پیش نظر لندن میں ادیبوں نے ادب و ثقافت کے تحفظ کے لئے پیرس میں ایک کانفرنس کا انعقاد ''ورلڈ کانگریس آف دی رائٹرس فار ڈیفنس آف کلچر'' (World Congress of the Writers for Defence of Culture) کے نام سے کیا جس میں پوری دنیا کے ادیبوں کے شانہ بشانہ ہندوستانی ادیبوں میں سجاد ظہیر اور ملک راج آنند نے شرکت کی جو اس وقت وہاں زیر تعلیم تھے۔ ان کے ذہن میں یہ بات آئی کہ ہندوستان میں بھی اسی طرز پر ایک ایسی انجمن قائم کی جائے جس کی ذریعہ سے ہندوستان کے سبھی زبان کے ادیب ایک ہی پلیٹ فارم پر جمع ہو کر جبر واستبداد کے خلاف اپنی آواز بلند کریں۔ انہیں مقاصد کے پیش نظر لندن میں مقیم ہندوستانی طلبا و ادیبوں نے ایک انجمن کی تعمیر و تشکیل کی جس کا نام ''انجمن ترقی پسند مصنفین'' رکھا۔ باضابطہ طور پر اس انجمن کو فروغ دینے کی کوشش کرنے لگے۔ اس کے لئے انہوں نے مجموعی طور پر مل کر کئی بار میٹنگ کی اور مختلف ترمیم و تبدیل کے بعد ایک منشور تیار کیا اور اسے سائیکلو اسٹائل کرا کے ہندوستان کے ادیبوں اور اپنے دوستوں کے پاس بھیج دیا اس منشور کو ہندوستان کے ادیبوں نے نہ صرف قدر کی نگاہ سے دیکھا اور اس کی پذیرائی کی بلکہ اس کے معاون بھی ثابت ہوئے۔ یہاں تک کہ منشی پریم چند نے اس منشور کو اپنے رسالے ''ہنس'' کی زینت بنائی اور عوام و خواص کو اس کے ذریعہ متعارف و روشناس کرایا۔

انجمن ترقی پسند مصنفین کی پہلی کانفرنس لکھنؤ میں اپریل ۱۹۳۶ء میں پریم چند کے

زیر صدارت منعقد ہوئی۔ اس کانفرنس کی دو چیزیں اردو ادب کی تاریخ میں سنگ میل کا درجہ رکھتی ہیں، ایک تو وہ منشور جو ترقی پسند ادیبوں نے اپنی پہلی کانفرنس میں پیش کیا۔ دوسرے پریم چند کا خطبہ صدارت، جس نے کانفرنس میں روح پھونک دی۔ انہوں نے اپنے خطبہ میں موجودہ دور کے ادبی پہلوؤں پر سیر حاصل گفتگو کرتے ہوئے ادب کی مقصدیت وافادیت کو واضح کرتے ہوئے کہا: ''ادب کی بہت سی تعریفیں کی گئی ہیں لیکن میرے خیال میں اس کی بہترین تعریف تنقید حیات ہے چاہے وہ مقالوں کی شکل میں ہو یا افسانوں کی یا شعر کی اسے ہماری حیات کا تبصرہ کرنا چاہیے''۔

''ہماری کسوٹی پر وہ ادب کھرا اترے گا جس میں تفکر ہو، آزادی کا جذبہ ہو، حسن کا جوہر ہو، تعمیر کی روح ہو، زندگی کی حقیقتوں کی روشنی ہو جو ہم میں حرکت ہنگامہ اور بے چینی پیدا کرے۔ سلائے نہیں کیونکہ اب زیادہ سونا موت کی علامت ہوگی''۔

ان ادیبوں کا مقصد عوام پر ہو رہے ظلم و بربریت کا خاتمہ، عوام کی آزادی نیز انہیں فلاح و بہبود کے راستے پر گامزن کرنا تھا۔ ان میں امن و اصلاح کی نشر و اشاعت کرنا اور حب الوطنی کا جذبہ پیدا کرنا ترقی پسند مصنفین کے اہم مقاصد تھے ادبیات اور فنون لطیفہ کو عوام کے دکھ سکھ اور جدوجہد کا ترجمان بنا کر اس روشن مستقبل کی راہ دکھانا تھا جس کے لئے انسانیت اس دور میں کوشاں تھی۔

ترقی پسند تحریک کا مقصد تمام غیر جمہوری اور وطن دشمنی تصورات اور رجحانات کی مخالفت کرنا تھا۔ سماج کے چہرے سے بیکاری، افلاس اور ظلم و ستم کے داغ دھونا ادب کا بنیادی عنصر بن گیا تھا تا کہ سماج میں تبدیلی آئے اور سماج ترقی کے راستے پر گامزن ہو اور جملہ بنی نوع انسان کے خدمت کی آرزو رکھے۔ ادب کے ذریعہ انسانیت، جمہوریت، اخوت و مساوات کے صحت مند خیالات پر حکومت کی طرف سے جو پابندیاں لگائی گئی تھیں اس کا

خاتمہ کرنا، پوری دنیا میں سرمایہ دارانہ نظام کے پیدا کردہ سیاسی بحران سے ادب وثقافت کو جو خطرات درپیش تھے اس کا حل نکالنا بھی ترقی پسند تحریک کے مقاصد میں شامل تھے۔

انجمن ترقی پسند مصنفین نے بہت کم عرصے میں خاطر خواہ ترقی کر لی اور اس سے ادبا ودانشوران وابستہ ہوتے چلے گئے۔ انہوں نے اردو ادب کو نئی بلندیوں سے آشنا کیا۔ انہوں نے ایک غیر طبقاتی انسانی سماج کا خواب دیکھا اور قومیت کے تنگ دائرے سے نکل کر بین الاقوامیت کے تصور کو فروغ دیا اور دنیا کے تمام گوشے کی آزادی کی جدوجہد کو اپنی آزادی کی جدوجہد سمجھا اور اس کے آئینے میں ہندوستان کے آزادی کی تصویر دیکھی۔ انہوں نے اپنے نقطۂ نظر میں اتنی وسعت اور تخیل میں اتنی بلندی پیدا کی کہ جس سے اردو ادب پہلے سے واقف نہیں تھا۔ غرض یہ کہ ترقی پسند مصنفین نے اردو ادب کو ادب نواز حلقوں کے چھوٹے دائرے سے باہر نکال کر عوام کے وسیع حلقوں میں پہنچا دیا۔ انہوں نے صرف کتابوں ورسالوں کے اشاعت پر اکتفا نہیں کیا بلکہ اس کے فروغ کے لئے جگہ جگہ ادبی نشست، جلوس اور مشاعرے قائم کئے۔ اس کے علاوہ بول چال کی زبان کو سادہ اور آسان تر کر دیا۔ روایتی اور فرسودہ انداز بیان کو ترک کر کے سیدھا سادہ اور شگفتہ انداز بیان اختیار کیا۔ جس کی رجعت پرستوں نے شدومد کے ساتھ مخالفت کی۔ اس کے علاوہ آزاد نظم اور نظم معری کو رواج دے کر اردو شاعری کو وسعت عطا کی۔ بعض پرانی اصناف کو نئی زندگی عطا کی مثلاً مثنوی اور غزل کو سماجی تصور اور عوامی جدوجہد کا موضوع عطا کر کے استحکام بخشا۔ نثر میں ریوتاژ کی صنف کو رائج کیا۔ افسانے کے موضوع کو وسعت دی۔ بعض عوامی میتوں کا بھی استعمال کیا۔ ادبی تنقید کو خاطر خواہ ترقی دی۔ درحقیقت ترقی پسند ادیبوں نے سیاسی وسماجی زندگی کے ہر پہلوؤں پر قلم اٹھایا یہاں تک کہ ان کی نگارشات سے ہندوستان کی جنگ آزادی کی ہر منزل اور ہر موڑ کی تاریخ مرتب کی جاسکتی ہے۔

ترقی پسند ادیبوں نے ہر میدان میں طبع آزمائی کی جہاں ایک طرف شاعری کی میدان میں سید مطلبی فرید آبادی، علی جواد زیدی، سلام مچھلی شہری، مسعود اختر جمال، اختر انصاری، مجاز، جذبی، فراق، فیض، مخدوم، علی سردار جعفری، کیفی اعظمی، جاں نثار اختر، ساحر لدھیانوی، مجروح سلطانپوری، اختر الایمان، احمد ندیم قاسمی، شاد عارفی، پرویز شاہدی، نسیب الرحمٰن، عزیز حامد مدنی، ظہیر کاشمری، قتیل شفائی، وامق جونپوری اور غلام ربانی تاباں وغیرہ شعرا فطری جولانیاں دکھا رہے تھے وہیں افسانہ، تنقید، ناول اور دوسرے نثری اصناف میں سجاد ظہیر، احمد علی، رشید جہاں، محمود الظفر، منشی پریم چند، علی عباس حسینی، سہیل عظیم آبادی، حیات اللہ انصاری، کرشن چندر، سعادت حسن منٹو، راجندر سنگھ بیدی، عصمت چغتائی، اپندر ناتھاشک، اختر اورینوی، اختر انصاری، احمد ندیم قاسمی، دیوبند ستیارتھی بلونت سنگھ، کنھیا لال کپور، وقار عظیم، احتشام حسین، مجنوں گورکھپوری، اختر حسین رائے پوری، آل احمد سرور، ممتاز حسین، عزیز احمد، علی سردار جعفری، ہنس راج رہبر، قمر رئیس اور عاشور کاظمی وغیرہ کے نام خاص طور سے لئے جاسکتے ہیں۔ انہوں نے اس تحریک کے ذریعہ اردو ادب کے دامن کو وسیع کیا اور عوام میں حب الوطنی اور ایثار وقربانی کا جذبہ پیدا کیا۔

داستانوی ادب

(Dastanvi Literature)

میرامن اور باغ و بہار (Meer Amman and Bagh-o-Bahar)

فورٹ ولیم کالج ۱۸۰۰ء میں قائم ہوا۔۱۸۱۴ء تک اس کی حیثیت ایک زندہ ادارے کی رہی اور ۱۸۵۴ء میں اس کا باضابطہ طور پر خاتمہ ہوا۔ کالج کی اس چون سالہ زندگی میں انیس اہل قلم نے کم وبیش ساٹھ کتابیں تیار کیں لیکن شہرت دوام صرف میرامن کی باغ وبہار کو حاصل ہوئی کیونکہ جدید نثر کی بنیاد باغ وبہار کے اسلوب پر ہی رکھی گئی ہے۔ غالب نے جب اردو مکتوب نگاری کی طرف جب توجہ کی تو باغ وبہار کا اسلوب ان کے پیش نظر تھا۔ شاید یہ اس کتاب کے گہرے مطالعہ کا ہی اثر تھا کہ سادگی میں جو جادو ہے اس کے وہ بھی پوری طرح قائل تھے۔ سرسید نے جب اردو میں علمی زبان کو رواج دیا تو خطوط غالب کی روایت ان کے سامنے تھی۔ سچ تو یہ ہے کہ میرامن کی باغ وبہار نہ ہوتی تو غالب کے اردو خطوط نہ ہوتے اور یہ دونوں چیزیں نہ ہوتی تو سرسید کی علمی نثر بھی جنم نہ لیتی۔

میرامن کے حالات زندگی تاریکی میں گم ہیں۔ ان کے بارے میں بہت کم باتوں کا علم ہے اور جو معلوم بھی ہے اس کی بنیاد وہ تشنہ معلومات ہیں جو خود انہوں نے باغ وبہار کے دیباچے میں اپنے طور پر فراہم کی ہیں۔

میر امن کے بارے میں صرف اتنا پتا چلتا ہے کہ ان کے بزرگ مغل بادشاہ کے عہد حکومت سے شاہ عالم گیر ثانی کے زمانے تک دربار شاہی سے وابستہ رہے اور خانہ زاد موروثی ومنصب دار قدیمی کہلائے۔ ۱۷۶۱ء میں احمد شاہ ابدالی نے شہر دلی کو تاراج کیا اور سورج مل جاٹ نے ان کی موروثی جائداد پر قبضہ کرلیا تو میر امن نے اس شہر کو خیر باد کہا جس میں ان کا نال گڑا تھا۔ اور عظیم آباد (پٹنہ بہار) چلے گئے کچھ عرصہ یہاں رہے مگر روزگار کی کوئی صورت نہ بنی۔ آخر کار کلکتہ روانہ ہو گئے۔ کچھ دنوں بے روزگار رہے۔ پھر نواب دلاور جنگ نے اپنے چھوٹے بھائی میر محمد کاظم کا اتالیق مقرر کردیا۔ بظاہر یہاں نباہ نہ ہوئی۔

تقریباً دو برس بعد میر بہادر علی حسینی کے ذریعہ جان گل کرسٹ تک رسائی ہوئی اور فورٹ ولیم کالج میں ملازمت مل گئی۔ میر امن نے گل کرسٹ کا ذکر بڑی شکر گزاری اور احسان مندی کے ساتھ کیا ہے۔ اور لکھا ہے کہ طالع کی مدد سے ایسے جواں سال مرد کا دامن ہاتھ لگا ہے چاہے کہ دن کچھ بھلے آویں۔ نہیں تو یہ بھی غنیمت ہے کہ ایک ٹکڑا کھا کر پاؤں پھیلا کر سو رہتا ہوں اور گھر میں دس آدمی چھوٹے بڑے پرورش پا کر دعا اس قدر دان کو کرتے ہیں۔ خدا قبول کرے۔

کالج قائم ہونے کے کچھ دنوں بعد میر امن اس کے مصنفین میں داخل ہو گئے۔ گل کرسٹ کی فرمائش پر "باغ و بہار" لکھی اور انہیں کی ہدایت کے مطابق اس کے لئے بول چال کی زبان اختیار کی۔ یہ کتاب ۱۸۰۲ء میں مکمل ہوگئی اور طباعت کے لئے پریس بھیج دی گئی۔ اس کے بعد وہ "گنج خوبی" کی تیاری میں مصروف ہو گئے۔ اب چند برس اس طرح سے گذرتے ہیں کہ میر امن کا کہیں ذکر نہیں آتا اسی وجہ سے بعض لوگوں نے یہ فرض کرلیا کہ ان کا انتقال ہوگیا لیکن یہ درست نہیں۔ ریکارڈ سے معلوم ہوتا ہے کہ ۴/ جون ۱۸۰۶ء کو کالج کے ایک طالب علم نے شکایت کی کہ میر امن نے اسے پڑھانے سے انکار کردیا ہے۔ میر

امن سے باز پرس کی گئی جس پر انہوں نے کبرسنی (بڑھاپا) کا عذر کیا۔ اس لئے ان کی واجب تنخواہ اور چار ماہ کی مزید تنخواہ حق خدمت کے طور پر ادا کر کے انہیں ملازمت سے سبک دوش کر دیا گیا۔ ضعیف تو ہو ہی چکے تھے ہوسکتا ہے ایک دو برس بعد ان کا انتقال ہو گیا ہو۔ سبک دوشی کے بعد کہیں ان کا ذکر نہیں ملتا۔ میر امن شاعر بھی تھے لطف تخلص کرتے تھے مگر تذکرہ نگاروں نے اس کا ذکر شاید ضروری نہیں سمجھا ورنہ ان کے بارے میں کچھ اور معلومات حاصل ہوسکتی تھی۔

باغ و بہار میر امن کا وہ کارنامہ ہے جو ان کے نام سے ہمیشہ زندہ رہے گا۔ حالانکہ یہ ان کی طبع زاد تصنیف نہیں ہے۔ بلکہ فارسی کے ایک بہت مقبول قصے چہار درویش کا ترجمہ ہے۔ اس کے بارے میں میر امن فرماتے ہیں کہ ''یہ قصہ چہار درویش کا ابتدا میں امیر خسرو دہلوی نے اس تقریب سے کہا کہ حضرت نظام الدین اولیا زری زر بخش جو ان کے پیر تھے اور درگاہ ان کی دلی میں قلعہ سے تین کوس لال دروازے کے باہر مٹیا دروازے سے آگے لال بنگلے کے پاس ہے۔ ان کی طبیعت مندی ہوئی۔ تب مرشد کا دل بہلانے کے واسطے امیر خسرو یہ قصہ ہمیشہ کہتے اور تیمارداری میں حاضر رہتے۔ اللہ نے چند روز میں شفا دی تب انہوں نے غسل صحت کے دن یہ دعا دی کہ جو کوئی اس قصے کو سنے گا خدا کے فضل سے تندرست رہے گا۔ جب سے یہ قصہ فارسی میں مروج ہوا۔''

یہ بیان تو غلط ہے کیونکہ یہ قصہ امیر خسرو کی تصنیف نہیں، ان سے بہت پہلے کا ہے مگر اتنی بات ضرور سچ ہے کہ کسی درویش کامل کی دعا اسے ایسی لگی کہ آج تک اس کی مقبولیت میں کمی نہیں آئی۔

میر محمد حسین عطا خاں تحسین باغ و بہار کی تکمیل سے تقریباً تیس برس پہلے قصہ چہار درویش کو فارسی سے اردو میں منتقل کر چکے تھے۔ تحسین ایک مایہ ناز خطاط بھی تھے اور مرصع رقم

کے خطاب سے سرفراز تھے۔ اس مناسبت سے انہوں نے کتاب کا نام ''انشائے نوطرز مرصع'' رکھا مگر اس نے ''نوطرز مرصع'' کے نام سے شہرت پائی۔ اس کتاب کی عبارت فارسی آمیز اور انتہائی مرصع ہے۔ استعارہ وتشبیہ کی بھرمار ہے۔ زبان ایسی پر تصنع ہے کہ بقول مولوی عبد الحق ''بعض اوقات پڑھتے پڑھتے جی متلانے لگتا ہے'' ایسی کتاب کالج کے طالب علموں کے لئے کیسے موزوں ہو سکتی تھی۔ گل کرسٹ نے اسے آسان اور عام فہم زبان میں منتقل کرنے کی ہدایت دی۔ فارسی چہار درویش بھی میر امن کے سامنے رہی ہوگی۔ لیکن انہوں نے خاص طور پر تحسین کی ''نوطرز مرصع'' کو ہی سامنے رکھا اور اپنی کتاب کے سرورق پر اس کا اعتراف کرتے ہوئے لکھا ''باغ و بہار تالیف کیا ہوا میر امن دہلی والے کا ماخذ اس کا ''نوطرز مرصع'' کہ وہ ترجمہ کیا ہوا عطا حسین خاں کا ہے فارسی قصہ چہار درویش سے''۔

میر امن باغ و بہار کے دیباچے میں لکھتے ہیں:

خداوند نعمت، صاحب مروت، نجیبوں کے قدرداں جان گل کرسٹ صاحب نے (کہ ہمیشہ اقبال ان کا زیادہ رہے، جب تک گنگا جمنا بہے) لطف سے فرمایا کہ اس قصے کو ٹھیٹھ ہندوستانی گفتگو میں جو اردو کے لوگ ہندو مسلمان، عورت مرد لڑکے بالے خاص و عام بولتے چالتے ہیں ترجمہ کرو۔ موافق حکم حضور کے میں نے بھی اسی محاورے سے لکھنا شروع کیا جیسے کوئی باتیں کرتا ہے۔

میر امن گل کرسٹ کا حکم بجالائے۔ دلی کے رہنے والے تھے۔ بول چال کی زبان پر قدرت رکھتے تھے اور اس پر فخر کرتے تھے۔ انہوں نے عوامی زبان میں پوری کتاب لکھ دی۔ جو جدید اردو نثر کا سنگ بنیاد ثابت ہوئی۔

باغ و بہار کا اسلوب (Style of Bagh-o-Bahar)

اردو نثر کی تاریخ میں باغ و بہار کو بے مثال اہمیت حاصل ہے۔ اردو میں مختصر

افسانے کا جنم تو بہت بعد میں ہوا لیکن باغ و بہار میں پہلی بار افسانے کی ہلکی جھلک نظر آتی ہے۔ اس میں ایک بادشاہ اور چہار درویش کی کہانیاں پیش کی گئی ہیں جنھیں تمہید اور خاتمے کے ذریعے آپس میں جوڑ دیا گیا ہے۔ اس طرح کہا جا سکتا ہے کہ یہ ایک داستان نہیں بلکہ پانچ کہانیوں کا مجموعہ ہے۔ گویا یہ اردو افسانے کی صبح کاذب ہے۔ دوسری خاص بات یہ کہ اس کتاب میں دہلی کی تہذیب و معاشرت کی مکمل مرقع کشی نظر آتی ہے۔ کسی شہر و دیار کا ذکر کیا جا رہا ہو مگر بچشم غور دیکھئے تو دلی کے در و دیوار پیش نظر ہو جاتے ہیں۔ یہ دونوں باتیں اہم سہی مگر ''باغ و بہار'' کی سب سے بڑی خوبی اس کا اسلوب ہے۔

اردو نثر کا پہلا شاہ کار ''باغ و بہار'' ہے۔ اس سے پہلے بھی اردو نثر میں کتابیں موجود تھیں مگر ان کا انداز مصنوعی، زبان گنجلک اور فارسی آمیز تھی۔ ''باغ و بہار'' آسان، سادہ اور عام فہم زبان کا پہلا نمونہ ہے۔ آگے چل کر اردو نثر نے جو راہ اختیار کی اس کا پتا اس کتاب نے دیا تھا۔ غالب نے اپنا چراغ میر امن کے چراغ ہی سے جلایا۔ میر امن نے جس طرح کی زبان استعمال کی تھی اس کی ذرا نکھری ہوئی شکل میں غالب نے خطوط لکھے اور سر سید کی علمی نثر کے لیے راستہ ہموار ہوا۔

بول چال کی زبان کتابی زبان سے الگ ہوتی ہے۔ تحریر میں قواعد کی پابندی ہوتی ہے جملے اور فقرے مکمل ہوتے ہیں، رکھ رکھاؤ کا زیادہ خیال رکھا جاتا ہے۔ ان سب باتوں سے ذرا بہت تکلف اور تھوڑا سا تصنع تو پیدا ہو ہی جاتا ہے۔ بول چال کی زبان میں پابندی نہیں ہوتی۔ باتوں میں چشم و ابرو کے اشارے بھی بہت کام کرتے ہیں۔ بہت سے لفظ محذوف ہو جاتے ہیں۔ فقرے چھوٹے چھوٹے ہوتے ہیں۔ دو فقروں کو جوڑنے والے لفظ اکثر خارج کر دیے جاتے ہیں۔ آسان لفظوں کا استعمال زیادہ ہوتا ہے۔ میر امن نے یہی زبان استعمال کی جیسا کہ ان کا دعویٰ ہے۔ ''جو لڑکے کے بالے، عام و خاص بولتے چالتے

ہیں، اس محاورے سے لکھنا شروع کیا جیسے کوئی باتیں کرتا ہے"۔ اس کے لیے انہوں نے جو وسائل اختیار کیے، مطلب یہ کہ جو طریقے اپنائے ان کی تفصیل مع مثالوں کے یہاں پیش کی جاتی ہے:

۱۔ لفظوں کی تکرار جیسے گھر گھر، محلے محلے اور تابع محل جیسے روتا دھوتا، پکڑ دھکڑ کا استعمال۔

مثال: برس دن کے عرصے میں ہرج مرج کھینچتا ہوا شہر نیم روز میں جا پہنچا جتنے وہاں آدمی ہزاری اور بزاری نظر پڑے، سیاہ پوش تھے، جیسا احوال سنا تھا اپنی آنکھوں سے دیکھا۔ پہلی تاریخ سارے لوگ اس شہر کے چھوٹے بڑے، لڑکے بالے امرا، بادشاہ عورت مرد ایک میدان میں جمع ہوئے۔

......اور فرمایا کہ احوال شہزادے کے طالعوں کا دیکھو اور جانچو اور جنم پتری درست کرو اور جو کچھ ہوتا ہے حقیقت پل پل، گھڑی گھڑی اور پہر پہر اور دن دن، مہینے مہینے، برس برس کی مفصل حضور میں کرو۔

......سارا بدن میرا پونچھ پانچھ کر خون وخاک سے پاک کیا اور شراب سے دھودھا کر زخموں کو ٹانکے مرہم لگایا۔

۲۔ اضافی اور توصیفی ترکیبوں کو اس طرح سہل بنایا کہ اضافت کو ترک کر کے کا۔ کے۔ کی استعمال کیے مثلاً حکمِ حکم کی جگہ ہم کہیں حاکم یا حکم حاکم کا۔

مثال: بموجب حکم بادشاہ کے اس آدھی رات میں کہ عین اندھیری تھی بلکہ کو ایک میدان میں کہ وہاں پرندہ پر نہ مارتا تھا، انسان کا تو ذکر کیا ہے، چھوڑ کر چلے آئے۔

۳- محاوروں اور گھریلو کہاوتوں کا استعمال۔

مثال: اور نٹ چڑھے کتا کاٹے، ادھر چوکی ڈولی گائے تال بے تال۔

.....جو مرد نکھٹو ہو کر گھر سیتا ہے اس کو دنیا کے لوگ طعنہ سنا دیتے ہیں۔

۴- ہندی الفاظ کا بے تکلف استعمال نظر آتا ہے مثلاً راہ بانٹ، جنم بھومی، سنگت، گیان، پیراگ، بیر و وغیرہ۔

۵- متروک الفاظ یعنی ایسے الفاظ کا استعمال جو اب بولے یا لکھے نہیں جاتے جیسے کبھو، کدھو، ایدھر، اودھر، تلپھنا، جاوے وغیرہ۔

۶- ایسی تشبیہوں کا استعمال جو بالکل سامنے کی ہیں اور نثر کے لیے موزوں ہیں کیوں کہ ان سے خیال روشن ہو جاتا ہے مثلاً پھول سا بدن سوکھ کر کانٹا ہو گیا اور وہ رنگ جو کندن سا دمکتا تھا.......

۷- عام فہم استعارات جیسے فرزند کہ زندگان کا پھل ہے اس کی قسمت کے باغ میں نہ تھا۔

۸- بعض شعری وسائل سے بھی کام لیا کیونکہ وہ اس زمانے کا چلن تھا۔ کہیں کہیں ضائع بدایع کا استعمال نظر آ جاتا ہے جیسے: سب کچھ دیا، اندھیرے گھر کا دیا نہ دیا۔ بات ٹن کرٹن ہوا (ابہام) جب تجھے دیکھتی ہوں باغ باغ ہوتی ہوں، تو نے مجھے نہال کیا (رعایت لفظی)

۹- میر امن نے تحسین کے برعکس تصنع تکلف اور عبارت آرائی سے تو پرہیز کیا لیکن کہیں کہیں سجع اور قافیے کا اہتمام کیا ہے۔

مثال: میں نے کہا اجی پھر کب ملاقات ہوگی، یہ تم نے کیا غضب کی بات سنائی۔ اگر جلد آوگی تو مجھے جیتا پاؤ گی نہیں تو پچھتاؤ گی۔

.......اگر چہ ہر طرح کا آرام تھا پر دن رات چلنے سے کام تھا۔

۱۰-تکلم کا انداز، بات چیت کا لب ولہجہ، طرز تخاطب ''باغ و بہار'' کے اسلوب کی سب سے نمایاں خصوصیت ہے۔ گمان ہوتا ہے کہ ہم کہانی پڑھ نہیں رہے سن رہے ہیں۔ میرا من قاری بلکہ کہنا چاہیے کہ ناظر کو کسی حالت میں نظر انداز نہیں کرتے۔ قصہ سنانے کے دوران ''کان دھر کر سننے'' کی فرمائش کرتے ہیں۔ ایک جگہ فرماتے ہیں کہ ''اب خدا کے کارخانے کا تماشا سنو' اس سلسلے کے بعض اقتباس ملاحظہ ہوں:

.....خداوند! آپ قدردان۔ حاجت عرض کرنے کی نہیں الٰہی تارا اقبال کا چمکتا رہے۔

.....محض صاحب کی ملاقات کی آرزو میں یہاں تک آیا ہوں۔

.....کہنے لگا۔ احمق تو کیوں روتا ہے؟ بولا ارے ظالم یہ تو نے کیا بات کہی۔ میری بادشاہت لٹ گئی۔ اوراس طرح کا تخاطب۔

:سن اے جوان دانا، سن اے عزیز، اے پادشاہ! یہ جوانمرد جو داہنی طرف کھڑا ہے....

یہ ہیں میرامن کی نثر کی خصوصیات یہاں اختصار کے خیال سے صرفچند اہم خصوصیات کا مجمل بیان کیا گیا۔ سید عبداللہ نے میرامن کی ''باغ و بہار'' کو زندہ کتاب اوراس کے اسلوب کو زندہ اسلوب کہہ کر عقیدت کا وہ خراج پیش کیا ہے جس کی وہ بلاشبہ حقدار ہے۔

سرور اور فسانہ عجائب (Suroor and Fasana-e-Ajaayeb)

سال ۱۸۱۴ عیسوی اودھ کی تاریخ میں اور اس کے ساتھ ہی اردو ادب کی تاریخ میں بڑی اہمیت رکھتا ہے۔ اس سال انگریزوں نے سیاسی مصلحت کے پیش نظر نواب غازی الدین حیدر والی اودھ کو بادشاہت کے منصب پر فائز کر دیا۔ اس کے دور رس تنائج بر آمد ہوئے۔ اودھ کے موسموں نے ہر معاملے میں دہلی سے مختلف راستہ اختیار کیا اور اپنی علاحدہ شناخت بنانے کی کوشش کی۔ اہل کمال نے بھی یہی روش اپنائی۔ شاعروں اور ادیبوں نے ایسی تخلیقات پیش کرنی چاہیں جن میں دبستان دہلی کے اثر کی پرچھائیں تک نظر نہ آئے۔ اس طرح دبستان لکھنؤ کی بنیاد پڑی۔ شاعری میں امام بخش ناسخ اور نثر میں رجب علی بیگ سرور اس دبستان کے بانی کہلائے۔

''باغ و بہار'' کا جواب دینے کے ارادے سے رجب علی بیگ سرور نے ''فسانہ عجائب'' کے نام سے ۱۸۲۴ء میں ایک داستان لکھی جو ۱۸۴۳ء میں پہلی بار شائع ہوئی۔ ڈاکٹر جان گل کرسٹ کی فرمائش پر میر امن فورٹ ولیم کالج کے لیے فارسی قصے ''چہار درویش'' کو ''باغ و بہار'' کے نام سے ۱۸۰۲ء میں آسان اردو میں منتقل کر چکے تھے۔ تحسین کی ''نوطرز مرصع'' ان کے پیش نظر تھی۔ یہ قصہ فارسی چہار درویش کا پر تصنع اور پیچیدہ اردو ترجمہ ہے۔ عبارت آرائی پر زور اور استعارہ و تشبیہ کی بھرمار ہے۔

میر امن باغ و بہار کے دیباچے میں فرماتے ہیں کہ ''خداوند نعمت صاحب مروت، نجیبوں کے قدرداں جان گل کرسٹ صاحب نے (کہ ہمیشہ اقبال ان کا زیادہ رہے جب کہ گنگا جمنا سے) لطف سے فرمایا کہ اس قصے کو ٹھیٹھ ہندوستانی گفتگو میں جو اردو کے لوگ ہندو مسلمان، عورت مرد، لڑکے بالے، خاص و عام آپس میں بولتے چالتے ہیں، ترجمہ کرو،

موافق حکم حضور کے میں نے بس اس محاورے سے لکھنا شروع کیا جیسے کوئی باتیں کرتا ہے''۔

میر امن دلی کے رہنے والے تھے بول چال کی زبان پر قدرت رکھتے تھے اور اس پر فخر کرتے تھے۔ باغ و بہار کے دیباچے میں لکھا ہے کہ جو لوگ دس پانچ سال دہلی میں رہے وہ اردو لکھیں گے تو لامحالا کہیں نہ کہیں چوک ہی جائیں گے پھر فخریہ اپنے بارے میں فرمایا کہ ''جو لوگ سب آفتیں سہہ کر دلی کا روڑا ہو کر رہا'' اور دس پانچ پشتیں اسی شہر میں گزریں اور اس نے دربار امراؤں کے اور میلے ٹھیلے، عرس چھڑیاں، سیر تماشا اور کوچہ گردی اس شہر کی مدت تک کی ہوگی اور وہاں سے نکلنے کے بعد اپنی زبان کو لحاظ میں رکھا ہوگا۔ اس کا بولنا البتہ ٹھیک ہے۔ یہ عاجز بھی ہر ایک شہر کی سیر کرتا اور تماشا دیکھتا یہاں تلک پہنچا ہے''۔

یہ فخر و مباہات اور دہلی کی زبان پر ایسا ناز اہل لکھنؤ کو ناگوار کیسے نہ ہوتا سرور نے اس کا جواب لکھا اور مرصع و پر تصنع زبان میں لکھا۔ تحسین کی ''نوطرز مرصع'' کو بطور نمونہ سامنے رکھا۔ بابائے اردو مولوی عبدالحق کا ارشاد ہے کہ پر تصنع نثر وہ لکھتا ہے جو سیدھی سادی آسان نثر نہیں لکھ سکتا آج ہم ''باغ و بہار'' کو جدید اردو نثر کا سنگ بنیاد قرار دیتے ہیں لیکن سرور کے لکھنؤ میں زبان کی سادگی کو عجز بیان سمجھا جاتا تھا۔ رنگین، عبارت آرائی، مشکل الفاظ، کی بھرمار، قافیہ پیمائی، استعارہ وتشبیہ کی کثرت غرض ہنر مانی جاتی تھی۔ چنانچہ سرور نے یہی راستہ اپنایا۔ ''باغ و بہار'' کا جواب دینے کے لئے یہی سب ضروری بھی تھا۔ میر امن نے در پردہ اہل لکھنؤ پر جو چوٹ کی تھی ''فسانہ عجائب'' کے دیباچے میں اس کا بدلہ بھی لے لیا گیا۔

نوطرز مرصع کی تقلید میں سرور نے ''فسانہ عجائب'' میں دقیق و رنگین عبارت آرائی کو اپنا مطمح نظر بنایا، اور قافیہ آرائی کا اس پر اضافہ کردیا۔ سرور نے زبان کی آراستگی کا حد سے زیادہ اہتمام کیا، مقفع اور مسجع عبارت لکھی، عربی فارسی الفاظ کثرت سے استعمال

کیا، استعارہ وتشبیہ سے بہت کام لیا، جا بجا اشعار پیش کئے اور اکثر موقعوں پر رعایت لفظی ،صنائع لفظی ومعنوی سے عبارت کو بالکل مصنوعی بنا دیا۔ نتیجہ یہ کہ ''فسانہ عجائب'' کی زبان بہت بوجھل ہوگئی اور بیشتر مقامات کا سمجھنا دشوار ہوگیا۔ رموز اوقاف اور اضافتیں لگانے کے بعد ہی عبارت کو پڑھنا ممکن ہے اور وہ بھی رک رک کر، طرز بیان ہی کتاب کی سب سے اہم خصوصیت ہے۔ نمونے کے طور پر اس کی چند سطریں یہاں پیش کی جارہی ہیں مگر اس طرح توڑ توڑ کر کہ اسٹائل کی خصوصیات واضح ہوجائیں:

''عجب شہر گلزار ہے، ہر گلی کوچہ دل چسپ باغ و بہار ہے
ہر شخص اپنے طور پر باوضع قطع دار ہے
دورویہ بازار کس انداز کا ہے
ہر دکن میں سرمایہ ناز و نیاز کا ہے''

ژولیدہ بیانی یعنی پُر پیچ طرز نگارش کے لیے یہ چند سطریں ملاحظہ ہوں:

''یہ تصور دل میں تھا کہ کارپردازان محکمۂ ناکالی حاضر ہوئے اور مشاطۂ حسن وعشق نے پیش قدمی کر متاعِ صبر خرد ونقد دل وجان، اثاثہ ہوش وحواس، تاب وتواں ملکۂ جگر انکار اور منحان رونمائی میں نذر شاہزادۂ والا تبار کیا''۔

اس زمانے کے لکھنؤ میں یہ انداز بیان خاص وعام میں مقبول تھا۔ لوگ اسے شوق سے پڑھتے اور سنتے تھے۔ جس طرح آج مشاعروں میں شعروں پر داد دی جاتی ہے اسی طرح فسانۂ عجائب کے جملوں پر واہ واہ کا غلغلہ بلند ہوتا تھا مگر آج اس زبان کا پڑھنا اور سمجھنا مشکل ہے۔ سرور سہل زبان لکھنے پر بھی قادر تھے مگر اسے کسرِ شان خیال کرتے تھے۔ فسانہ

عجائب کے بعض حصے آسان اور دلکش زبان میں ہیں مثلاً بندر کی تقریر جس میں دنیا کی بے ثباتی کا بڑا پر اثر بیان ملتا ہے یا چڑی مار کی گفتگو جو بالکل بول چال کی زبان میں ہے۔ جیوتشیوں کی گفتگو میں ہندی الفاظ کی کثرت ہے۔

فسانۂ عجائب اپنے زمانے میں ایک بے حد مقبول کتاب رہی ہے۔ لکھنؤ کے علاوہ دہلی بلکہ سارے شمالی ہندوستان میں نصف صدی سے زیادہ عرصے تک اس کی پیروی کی جاتی رہی۔ انتہا یہ ہے کہ سرسید جو جدید اردو نثر کے بانی کہے جاتے ہیں انھوں نے ۱۸۴۷ء میں دہلی کی تاریخی عمارتوں پر اہم تحقیقی مواد جمع کیا اور ایک کتاب ''آثار الصنادید'' تیار کی۔ اس کا پہلا ایڈیشن جو مولانا امام بخش صہبائی کے قلم سے لکھا گیا وہ سراسر فسانہ عجائب کی تقلید میں ہے مگر پر تکلف عبارت آرائی کا یہ کاروبار ماضی کی بھولی بسری داستان کے ایک ورق کے سوا آج اور کچھ بھی نہیں۔

ایک طلسمی داستان کی حیثیت سے فسانہ عجائب کو بہر حال ہمیشہ یاد رکھا جائے گا۔ اس میں ہر طرف جن، دیو، پریاں، جادوگر اور جادوگرنیاں نظر آتی ہیں۔ طلسمی باغ اور جادوئی قلعے بھول بھلیوں سے کم نہیں، کوئی ان میں پھنس جائے تو کسی پیر فقیر کی دستگیری کے بنا رہائی نہ پا سکے بلاؤں میں گرفتار ہو جائے تو لوح سلیمانی یا اسم اعظم کے بغیر نجات نہ ملے۔ ایک اور جادو جا بجا نظر آتا ہے انسان کو جادو سے بندر، ہرن یا طوطا بنا دیا جاتا ہے۔ کبھی عقل تسلیم نہیں کرتی۔ اسی لیے ان چیزوں کو فوق فطری عناصر کہا جاتا ہے اور ان کے بغیر داستان وجود میں نہیں آسکتی داستانوں کے عروج کا زمانہ وہ تھا جب واقعات کو عقل اور سائنس کی کسوٹی پر نہیں پرکھا جاتا تھا۔ لوگ جادو ٹونے پر یقین رکھتے تھے۔ دیووں اور پریوں کو انسانی تخیل کی پیداوار نہیں بلکہ اصلیت سمجھا جاتا تھا۔ ''فسانہ عجائب'' کی مقبولیت کا راز صرف پر تکلف انداز بیان ہی نہیں بلکہ وہ طلسمی ماحول بھی ہے جس کی تفصیل او پیش کی

گئی۔ داستان در داستان فسانہ عجائب کی ایک اور خصوصیت ہے۔ اس خصوصیت کے بغیر کوئی کتاب داستان کہلانے کی مستحق نہیں۔ طوالت داستان کے لئے ضروری ہے۔ قصے کو طول دینے کے لئے اس میں بہت سے ضمنی قصے جوڑ دیے جاتے تھے۔ یہ تیکنک سرور نے بھی اختیار کی ہے۔ شاہ یمن کا قصہ، پسر محسٹن کی کہانی اس کی مثالیں ہیں۔ فسانہ عجائب بے شک سرور کے دماغ کی پیداوار ہے لیکن ضمنی قصے اس زمانے کی مقبول داستانوں مثلاً داستان امیر حمزہ، پدماوت، نل دمن، بہار دانش، گلشن نو بہار وغیرہ سے مستعار لئے گئے ہیں۔

داستان کو طول دینے کے لئے قصے میں قصہ جوڑا جاتا ہے اس لئے داستان سے کسی مربوط پلاٹ کا تقاضا نہیں کیا جاسکتا۔ یہی حال فسانہ عجائب کا ہے کہ اس میں کوئی گٹھا ہوا مربوط پلاٹ موجود نہیں۔

کردار نگاری کا سرور کے زمانے میں وہ تصور نہیں تھا جو ناول وافسانہ کے وجود میں آنے کے بعد عام ہوا۔ داستان کے کردار غیبی امداد کے سبب پنپ نہیں پاتے۔ سرور نے کردار نگاری کی طرف توجہ تو کی مگر اسی کمزوری نے فسانہ عجائب کے کرداروں کو اعلا صفات سے محروم رکھا۔ اس داستان کے تین اہم کردار ہیں شہزادہ جان عالم، ملکہ مہر نگار اور انجمن آرا۔

جان عالم فسانہ عجائب کا ہیرو ہے۔ اس کردار میں نشو ونما کے بہت امکانات تھے مگر سرور نے اسے مثالی بنانا چاہا جس کے سبب وہ انسانی صفات سے محروم ہوگیا۔ سرور نے اسے ایسا خوب رو بنا کر پیش کیا ہے کہ خود مصنف کے الفاظ میں ''نیر اعظم چرخ چہارم پر اس کے رعب جمال سے تھرّاتا اور ماہِ کامل باوجود داغِ غلامی تاب مشاہدہ نہ لاتا۔'' جان عالم حسنِ ظاہری کے علاوہ حسن باطنی سے بھی مالا مال ہے۔ کوئی خوبی ایسی نہیں جو اس میں موجود نہ ہو، علم وفضل میں شہرہ آفاق ہے، فن سپہ گری ہی نہیں سارے فنون میں طاق ہے۔ لیکن قدم قدم پر محسوس ہوتا ہے کہ غیبی مدد حاصل نہ ہو تو وہ کچھ بھی نہیں کرسکتا بلکہ بعض اوقات تو رونے

لگتا ہے۔قوت فیصلہ سے محروم ہے۔کم زور ہے، عقل و دانش سے عاری ہے ملکہ مہر نگار اسے احمق ازلی کا خطاب دیتی ہے جو درست ہے۔ملکہ مہر نگار حسن اور ذہانت دونوں دولتوں سے مالا مال ہے۔وہ دور اندیش بھی ہے۔معاملہ فہم اور وفادار بھی، انجمن آرا کا کردار بھی دلکش ہے مگر ملکہ مہر نگار کی طرح جاندار نہیں۔

لکھنوی معاشرت رجب علی بیگ سرور کا پسندیدہ موضوع ہے اور فسانہ عجائب میں یہی ان کی توجہ کا مرکز ہے، لکھنؤ کی سیر کرانے کی غرض سے سرور نے اس کتاب پر ایک طویل دیباچہ لکھا اور دس سال تک برابر اس میں اضافے کرتے رہے.....آیئے اب سرور کی آنکھوں سے سرور کے لکھنؤ کی سیر کریں:

"دوکان میں انواع واقسام کے میوے سے چنے، روز مرہ محاورے ان کے دیکھے نہ سنے، کبھی کوئی پکار الٹی، میاں ٹکے کو ڈھیر لگا دیا ہے، کوئی موزوں طبیعت یہ فقرہ سناتی، مزہ انگور کا ہے۔نگروں میں، کسی طرف سے یہ صدا آتی گنڈ یریاں ہیں پونڈے کی۔ایک طرف تنبولی سرخروئی سے یہ رمز و کنایہ کرتے۔بولی ٹھولی میں چبا چبا کر ہر دم یہ دم بھرتے مکھئی کا منہ کالا، سو یا گرد کر ڈالا۔عنبر ہے نہ گلال یہ آدھی میں مگر لال ہے، گلیوں میں گجر دم یہ آواز آتی مشیر مال ہے کسی کی اور دودھ کی نہ مفلس کا دل اُچاٹ ہے، ٹکوں کی چاٹ ہے، کدھر لینے والے ہیں، غش کلی قلفیاں کھیر کے پیالے ہیں۔

کیا خوب بھُنے بھُربھُرے ہیں، چنے پر ملا ور مُرمُرے ہیں"۔

یہ ہے اس مقبول داستان کا مختصر تعارف جس نے پچاس برس سے زیادہ اردو نثر پر حکمرانی کی۔

رتن ناتھ سرشار (Ratan Nath Sarshar)

اردو ناول کے فروغ میں رتن ناتھ سرشار کا کارنامہ ناقابل فراموش ہے کہ ان کی

تخلیقات۔ ''فسانۂ آزاد''، ''جام سرشار'' اور ''سیر کہسار''۔ نے ایسی شہرت پائی اور انہیں ایسا قبول عام حاصل ہوا کہ مولانا عبدالحلیم شرر، سجاد حسین اور مرزا محمد ہادی رسوا جیسے اہل قلم ناول نگاری کی طرف متوجہ ہوئے اور اردو میں اس نثری صنف کی بنیاد محکم ہوگئی۔ سرشار ایک تعلیم یافتہ کشمیری پنڈت تھے۔ اردو فارسی کے علاوہ انگریزی زبان وادب سے بھی واقف تھے۔ مدرسی سے عملی زندگی کا آغاز کیا تھا اور ترجمے کی مشق بھی بہم پہنچائی تھی۔ تصنیفی زندگی کا آغاز اودھ اخبار کی ادارت سے کیا 'فسانۂ آزاد' اسی اخبار میں قسط وار شائع ہوا۔ یہ اتنا پسند کیا گیا کہ شائقین کو اگلی قسط کا انتظار رہتا تھا۔ اس سے حوصلہ بڑھا اور انہوں نے بہت سے ناول تخلیق کیے۔ ان میں ''جام سرشار''، سیر کہسار، پی کہاں، کرم دھرم، طوفان بے تمیزی، چنچل نار اور ''کامنی'' نے بہت شہرت پائی۔ ''فسانۂ آزاد'' اس لحاظ سے اہم ہے کہ یہ سب سے زیادہ مقبول ہوا۔ ''جام سرشار'' کی خصوصیت یہ ہے کہ فنی نقطۂ نظر سے اس کو نظر انداز نہیں کیا جاسکتا۔ یہاں ان دونوں ناولوں کا اختصار کے ساتھ ذکر کیا جاتا ہے۔

فسانۂ آزاد اودھ اخبار میں قسط وار شائع ہوا۔ ہر قسط میں دلچسپی کا ایسا سامان ہوتا تھا کہ قارئین اسے بہت شوق سے پڑھتے تھے اور اسی وقت سے اگلی قسط کا انتظار شروع ہو جاتا تھا۔ سرشار ایک لاابالی انسان واقع ہوتے تھے اور ہر وقت عالم سرور میں رہتے تھے۔ اکثر ایسا ہوتا کہ اخبار چھپنے کا وقت سر پر آپہنچا اور ''فسانۂ آزاد'' کی اگلی قسط کا انتظار ہے۔ آخر کار سرشار کو تلاش کر کے کشاں کشاں دفتر میں لایا جاتا یہ اسی عالم سرور میں ایک قسط قلم برداشتہ لکھ ڈالتے بلکہ اکثر تو کاتب کو براہ راست املا کرا دیتے۔

سرشار ایسی بے پنا تخلیقی صلاحیت کے مالک تھے کہ انہوں نے ہاتھ روک کے لکھا ہوتا یا نظر ثانی کی زحمت گوارا کی ہوتی تو اردو ناول میں آج ان کا جو مرتبہ ہے اس سے کہیں زیادہ بلند ہوتا وہ ایک فطری اور پیدائشی فنکار تھے۔ زبان پر انہیں حاکمانہ قدرت حاصل تھی۔

علاوہ ازیں ناول کی روایت سے وہ بخوبی واقف تھے۔ رچرڈسن، فیلڈنگ، اسکاٹ، ڈکنس اور تھیکرے کی تخلیقات کے علاوہ دان کوئی زا، الف لیلہ، انوار سہیلی، داستان امیر حمزہ، گل بکاؤلی، مراۃ العروس، بنات النعش، رامائن، مہابھارت، قصہ نل دمن ایک عرصے تک ان کے زیر مطالعہ رہی تھیں۔ نتیجہ یہ کہ ناول نگاری کا فن ان کے خون میں رچ بس گیا تھا۔

''فسانہ آزاد'' کے لئے سرشار نے ایسا موضوع انتخاب کیا جس میں سیر سپاٹے، ہنسی دل لگی، کردار نگاری، مختلف انداز کی بات چیت غرض طرح طرح کے ہنر دکھانے اور قارئین کی توجہ کو گرفت میں لینے کے مواقع میسر آسکتے تھے۔ آزاد ایک سیلانی آدمی ہیں۔ حسن آرا کو دیکھتے ہی اس پر جی جان سے فدا ہو جاتے ہیں۔ اس کی فرمائش پر جنگ دوم وروس میں حصہ لیتے ہیں۔ وہاں اپنی شجاعت وجواں مردی کا مظاہر کرنے کے بعد کامیاب وکامراں لوٹتے ہیں اور اپنے دل کی مراد پاتے ہیں۔ مطلب یہ ہے کہ حسن آرا سے شادی ہو جاتی ہے۔ یہ چھوٹا سا قصہ ہے جسے طول دے کر اتنے صفحات پر پھیلایا گیا ہے۔ لیکن واقعات اور طرز تحریر دونوں میں ایسی دلکشی پائی جاتی ہے کہ طوالت ناگوار نہیں گزرتی۔

جام سرشار کو فنی نقطہ نظر سے ایک مکمل ناول کہا جاسکتا ہے یہ بھی اودھ اخبار میں قسط وار شائع ہوا لیکن بعد کو مصنف نے پنڈٹ مادھو پرشاد ڈپٹی کلکٹر کے تعاون سے اس پر نظر ثانی کی۔ جو واقعات غیر ضروری معلوم ہوئے انہیں خارج کر دیا گیا۔ اس طرح پلاٹ مربوط ہو گیا، ناول کے مختلف حصوں میں تناسب وہم آہنگی پیدا ہو گئی اور ایک ایسا ناول وجود میں آگیا جو اردو کے بہترین ناولوں کی صف میں جگہ پانے کا مستحق ہے۔

سرشار کا فن بے شک بے عیب نہیں۔ اس وقت اردو میں ناول نگاری کا فن اپنی عمر کے پہلے مرحلے میں تھا۔ مولوی نذیر احمد کے مبارک ہاتھوں سے اس کی بنیاد پڑی تھی اور سرشار اس بنیاد کو مستحکم کر رہے تھے۔ ان سے یہ توقع نہیں کی جاسکتی تھی کہ ان کے ناول

خامیوں سے یکسر پاک ہوں۔ ان خامیوں میں ان کی ذاتی کمزوریوں کو بھی کسی حد تک دخل ہے۔ مے نوشی اور بے نیازی نے ان کے فن کو نقصان پہنچایا ورنہ اردو ناول کی تاریخ میں ان کا رتبہ اور بھی بلند ہوتا۔

سرشار لطف اندوزی کو ناول کا بنیادی مقصد خیال کرتے تھے ان سے پہلے مولوی نذیر احمد نے کئی ناول لکھ کر اردو میں اس صنف کی بنیاد ڈالی تھی۔ دونوں تقریباً ہم عصر ہیں مگر دونوں فنکاروں کا نقطہ نظر جداگانہ ہے۔ مولوی صاحب کی تمام تخلیقات کے پس پشت اصلاح کا جذبہ کارفرما ہے۔ سرشار کی کوشش یہ ہوتی ہے کہ ہر واقعہ کو اس انداز سے لکھیں اور ہر کردار کو اس طرح پیش کریں کہ پڑھنے والا خوش ہو اور اس کا کچھ وقت ہنسی خوشی کٹ جائے۔ ان کے ناولوں کو پڑھنے سے پہلے یہ بات اچھی طرح ذہن نشین کر لینی چاہیے کہ کسی طرح کی اصلاح، نصیحت، اخلاقی تعلیم ان کے پیش نظر نہیں۔ وہ ناول کو حظ اندوزی کا وسیلہ اور وقت گزاری کا ذریعہ خیال کرتے ہیں اور بس۔

پلاٹ کے اعتبار سے سرشار کا فن کمزور نظر آتا ہے۔ پلاٹ کی تیاری و تنظیم کی طرف ان کی توجہ کم ہے۔ ''جام سرشار'' اور ''کامنی'' کے علاوہ باقی ناولوں کے پلاٹ ڈھیلے ڈھالے ہیں۔ اس کا اصلی سبب یہ ہے کہ ناول قسط وار چھپے۔ اگلی قسط لکھتے وقت پچھلی قسط ان کے ذہن میں ہوتی تھی۔ یہ نہیں کہ اسے سامنے رکھ کر غور کرتے۔ پھر آگے قدم بڑھاتے۔ ان کی ساری تحریریں قلم برداشتہ ہوتی تھیں اور بالعموم نظر ثانی سے محروم رہتی تھیں۔ طوالت بھی پلاٹ کو نقصان پہنچاتی تھی اور داستان کا سا انداز پیدا ہو جاتا تھا۔

کردار نگاری کا سرشار کو بڑا سلیقہ ہے۔ انہوں نے خوجی، آزاد، حسن آرا، اللہ رکھی، قمرن، نازو، ظہورن جیسے زندہ جاوید کردار اردو ناول کو عطا کیے۔ بقول علی عباس حسینی ''وہ ہر طبقے، ہر قوم، ہر ملت و مذہب اور ہر پیشے کے آدمی سے واقف دکھائی دیتے ہیں'' ان

میں مسجد کے ملا بھی ہیں اور مجتہد عصر بھی، نجومی ورجال بھی، پنڈت بھی، حکیم اور ڈاکٹر بھی، بیوقوف بننے والے نواب اور ان کو لوٹنے والے مصاحب بھی، پتنگ باز، افیونی، چانڈو باز، غنڈے، بدمعاش، نیک وبد، نائی، حلوائی، سیٹھ، بزاز، ہر طرح کے لوگ ان کے ناولوں میں موجود ہیں۔ عورتوں کو دیکھیے تو وہ گھر کی چہار دیواری میں قید رہنے والی عورتوں کو بھی خوب پہنچانتے ہیں اور گھر سے باہر رنڈیوں، کسبیوں، بھٹیارنوں وغیرہ کو بھی۔

آزاد نئی روشنی کے مہم جو آدمی ہیں۔ فوجی ان کی ضد ہیں مگر ہیں بہت خوب۔ ان کا نام آیا اور ہونٹوں پر مسکراہٹ کھیلنے لگی۔ کیکڑے کا بدن اور مچھر کا دل پایا ہے مگر بات بات پر گیڈر بھبکیوں سے کام لیتے ہیں۔ ''جا گیر نہ ہوئی میری قرولی ورنہ ابھی بھونک دیتا، پٹتے بھی جاتے ہیں اور اکڑتے بھی جاتے ہیں، کسی عورت نے ان کے بونے قد پر نظر ڈال لی تو یقین ہوگیا کہ ضرور مرمٹی ہے مگر ایک بات ہے جس سے دوستی کی، نباہی۔ آزاد سے ان کا تعلق مخلصانہ ہے۔ ''جام سرشار'' کے نواب امین الدین حیدر بے حد معمولی شکل کے آدمی ہیں مگر یہودنوں کے حسن و جمال کا ذکر سن کر انہیں اپنے حسن کی شان میں گستاخی کا احساس ہوتا ہے۔ فرماتے ہیں۔ ''توبہ کر کے اور کان پکڑ کے کہتا ہوں کہ ایک دفعہ اس جانب کو بھی دیکھ لیں تو ہزار جان سے قربان ہو جائیں'' مغلانی کی شوخ وشنگ چھوکری ظہورن اپنے رنگ میں لاجواب ہے۔ قمرن اور نازو اپنی اپنی جگہ خوب ہیں۔ غرض کردار نگاری کے فن میں سرشار اپنا جواب آپ ہیں۔

مکالمہ نویسی کا سرشار کو بہت سلیقہ ہے جو کرداروں کی زندگی اور ان کی ذہنی عمل سے اچھی طرح واقف ہو وہ مکالمہ نویسی میں ناکام نہیں ہوسکتا۔ مکالمہ نگاری میں سرشار کی کامیابی کا یہی راز ہے۔ وہ جانتے ہیں کہ کس طبقے کے لوگ کس طرح کی زبان استعمال کرتے ہیں۔ مختلف طرح کے لوگوں کی ذہنیت مزاج اور طور طریقوں سے وہ پوری طرح آشنا ہیں۔

ہر سطح کے لوگ اور ان کے طرز تکلم سے واقفیت رکھتے ہیں اور مکالمہ نگاری کا حق ادا کرتے ہیں۔ سرشار کو مکالموں کا بادشاہ کہا گیا ہے۔ درست ہی کہا گیا ہے کہ ان کے ناولوں میں "بیگموں کی آپسی چھیڑ چھاڑ۔ ماما دائیوں کی ہنسی ٹھٹھول، سافتوں کی گالی گلوج، مولویوں کے لکچر سب اپنے اپنے موقع و محل پر بیش قیمت نگینوں کی طرح جڑے ہوتے ہیں۔

کامیاب مکالمہ نگاری کے لیے ایک چیز اور ضروری ہے اور وہ ہے زبان، سرشار نے بڑی محنت سے اردو زبان سیکھی تھی اور اس کے مستقل استعمال سے زبان پر پوری طرح قدرت حاصل ہوگئی تھی۔ مقفیٰ مسجع زبان استعمال کرتے ہیں تو بھی روانی میں کمی نہیں آتی۔

ظرافت نے سرشار کے ناولوں مقبول بنانے میں سب سے اہم رول ادا کیا ہے لکھتے وقت جو پہلا مقصد ان کے سامنے رہتا تھا وہ ہنسنا ہنسانا تھا۔ سنجیدہ موضوعات انہیں اپنی طرف متوجہ کرنے میں ناکام رہتے تھے۔ وہ ظرافت کے ذریعے زندگی کی سنجیدگی اور تلخی کو کم کر کے اسے خوش گوار بنانا چاہتے تھے۔ کردار نگاری ہو یا کسی واقعے کی تصویر کشی ان کی پوری کوشش یہی رہتی ہے کہ قاری کو ہنسائیں۔ اسے خوش کریں۔ ایک جگہ چوروں کا منتر اس طرح سناتے ہیں "آج کل مہنگی کا سمے ہے۔ کون جانتا ہے کہ کیا وقت آپڑے۔ وہی مچھلی کے ٹکّے، کہیں اٹکے نہ کہیں بھٹکے، ہتھا مارا اور سٹکے۔ یا فیرز شاہ شکاری! چڑیا ہماری دم تمہاری"۔

عریانی جس نے سرشار کی ناولوں کو بعض جگہ ایسا بنا دیا ہے کہ اکثر سنجیدہ مزاج لوگوں کی پیشانیوں پر شکنیں پڑ جاتی ہیں، ان کی حد سے بڑھی ہوئی ظرافت کا ہی نتیجہ ہے۔ ظرافت سے آگے بڑھ کر وہ ہنسی اور ٹھٹھول پر اتر آتے ہیں۔ پنڈت بشن نارائن در کا ارشاد ہے کہ سرشار کی اکثر تصانیف اتنی عریاں ہیں کہ وہ لڑکیوں کو نہیں پڑھائی جاسکتیں۔ اکثر جگہ وہ فحش نگاری کے دلدل میں پھنس جاتے ہیں اور بدی کو سراہنا تو ان کے لئے عام بات ہے۔ اس اعتراض کے جواب میں کہا جاسکتا ہے کہ وہ زندگی کی حقیقتوں کی اصلی اور سچی

تصویر کھینچتے ہیں جو اکثر نا قابل برداشت ہو جاتی ہے۔ اس میں فن کار کا کیا قصور ہے۔

تہذب و معاشرت کی مرقع کشی سرشار کے ناولوں کا خاص وصف ہے ان کے اجداد کا وطن تو کشمیر تھا لیکن ان کی ولادت لکھنؤ میں ہوئی۔ یہیں پلے بڑھے۔ یہاں کی تہذیب اور یہاں کے رہن سہن کو بچپن سے دیکھا۔ اس متاع عزیز کو وہ اپنے سینے سے جدا نہ کر سکے۔ انہوں نے اپنی تحریروں میں جا بجا لکھنؤ کی زندگی کی اصلی اور سچی تصویریں پیش کر دی ہیں۔

لکھنؤ اور اس کی تہذیب و معاشرت کی مرقع کشی سرشار کو اردو ناول نگاروں میں ممتاز کرتی ہے۔

شاعری

(Poetry)

میر تقی میرؔ (Mir Taqi Mir)

ایک فارسی شاعر نے اپنے قطعے میں یہ مضمون ادا کیا کہ شاعری میں تین پیمبر گزرے ہیں: فردوسی، انوری اور سعدی اصل واقعہ یہ ہے۔

در شعر سہ کس پیمبرانہ   ہر چند کہ لا نبی بعدی
ابیات و قصیدہ و غزل را   فردوسی و انوری و سعدی

سننے والے نے پوچھا۔ ''اور حافظ؟''

''وہ تو خدائے سخن تھا'' شاعر نے برجستہ جواب دیا۔

یہ واقعہ نقل کرنے کے بعد میرؔ کے ایک پرستار رقم طراز ہیں کہ جو رتبہ فارسی شاعری میں حافظ کا ہے بالکل وہی اردو شاعری میں میرؔ کا ہے۔ بلاشبہ وہ اردو شاعری کے خدائے سخن ہیں۔ اس رائے کی تائید اس لطیفے سے بھی ہوتی ہے جو مولانا حالی نے ایک جگہ بیان کیا ہے۔ مفتی صدرالدین آزردہ کے مکان پر چند احباب جمع تھے ان میں مومن وشیفتہ بھی

تھے۔اس محفل میں میر کا یہ شعر پڑھا گیا۔

اب کے جنوں میں فاصلہ شاید نہ کچھ رہے
دامن کے چاک اور گریباں کے چاک میں

شعر کی بے انتہا تعریف ہوئی اور سب کو یہ خیال ہوا کہ اس قافیے کو ہر شخص اپنے اپنے سلیقے اور فکر کے موافق باندھ کر دکھائے۔سب قلم دوات اور کاغذ لے کر الگ الگ بیٹھ گئے اور اس قافیے میں شعر کہنے کی کوشش کرنے لگے۔اس وقت ایک اور دوست تشریف لائے۔یہ منظر دیکھ کر حیران ہوئے۔پوچھا کیا ہو رہا ہے؟ جواب ملا قل ہو اللہ کا جواب لکھا جا رہا ہے۔اس میں شک نہیں کہ جس طرح کلام اللہ کا جواب لکھنا انسان کے بس کی بات نہیں اس طرح کلام میر کا جواب بھی ممکن نہیں۔اردو کے بڑے بڑے شاعروں نے میر کی شاعرانہ عظمت کا اعتراف کیا ہے۔غالب فرماتے ہیں۔

ریختے کے تمہیں استاد نہیں ہو غالبؔ
کہتے ہیں اگلے زمانے میں کوئی میرؔ بھی تھا

ایک اور شعر میں ارشاد ہوتا ہے۔

غالبؔ اپنا یہ عقیدہ ہے بقول ناسخؔ
آپ بے بہرہ ہے جو معتقد میر نہیں

ذوقؔ بھی کلام میر کے معترف ہیں۔

نہ ہوا پر نہ ہوا میرؔ کا انداز نصیب
ذوقؔ یاروں نے بہت زور غزل میں مارا

ہر بڑے فنکار کو اپنی عظمت کا احساس ہوتا ہے۔میر بھی جا بجا اپنے کلام پر فخر کرتے نظر آتے ہیں۔فرماتے ہیں۔

ریختہ خوب ہی کہتا ہے جو انصاف کرو
ریختہ رتبے کو پہنچایا ہوا اس کا ہے

معتقد کون نہیں میر کی استادی کا

جانے کا نہیں شور سخن کا میرے ہر گز
تاحشر جہاں میں مرا دیوان رہے گا

جہاں سے دیکھیے اک شعر شور انگیز نکلے ہے
قیامت کا سا ہنگامہ ہے ہر جا میرے دیواں میں

اگرچہ گوشہ گزیں ہوں میں شاعروں میں میرؔ
پہ میرے شعر نے روئے زمیں تمام کیا

بلکہ یہاں تک کہہ جاتے ہیں کہ۔

سارے عالم پر ہوں میں چھایا ہوا مستند ہے میرا فرمایا ہوا

اور اس میں شک نہیں کہ اپنے زمانے سے لے کر آج تک اردو غزل کی دنیا پر میرؔ ہی چھائے ہوئے ہیں۔ آئی۔ اے۔ رچرڈ کا قول ہے کہ کوئی فن پارہ اپنی تخلیق کے سو سال بعد تک زندہ رہے تو یہ اس کی عظمت کی دلیل ہے، دو صدی سے زیادہ عرصہ گزر جانے کے بعد بھی میر کی غزل آج بھی تروتازہ ہے بلکہ اس کی کشش میں کچھ اور اضافہ ہو گیا ہے۔ میر کی عظمت کا اس سے بڑا ثبوت اور کیا ہو سکتا ہے۔ آئیے اب میر کی عظمت کا راز جاننے کی کوشش کریں۔

میر کی عظمت کا راز (The Secret of Mir's Greatness)

میرؔ کا کلام ان کی اپنی زندگی میں دور و نزدیک ہر طرف شہرت پا گیا تھا۔ اس کے بعد بھی ہر دور کے بڑے بڑے شاعر میرؔ کو خراج عقیدت پیش کرتے رہے۔ عہد حاضر کی زندگی

جن حالات سے دوچار ہے اس میں میر کی آواز کچھ زیادہ ہی مانوس معلوم ہوتی ہے بلکہ احساس ہوتا ہے کہ ان کی مقبولیت روز افزوں ہے۔ اس مقبولیت کے اسباب جنہیں غزل میر کی خصوصیات کا نام بھی دیا جاسکتا ہے۔ مندرجہ ذیل ہیں:

فکر کا عنصر (Elements of Thought)

یہ بات اکثر کہی گئی ہے کہ کلام میر میں فکر کا عنصر ناپید ہے اور انکی شاعری صرف جذبات کی شاعری ہے۔ شاعری اور خاص طور پر غزل میں فلسفہ و پیغام کی گنجائش کم ہی ہے کیونکہ غزل کا آرٹ رمز وایما یعنی اشارے کنایے کا آرٹ ہے اور اشاروں میں کسی فلسفے کا پیش کرنا آسان کام نہیں۔ اقبال جیسے شاعر کی مثالیں کم ہی ملتی ہیں کہ انہوں نے غزل میں یک پیچیدہ اور مربوط فلسفہ کامیابی کے ساتھ پیش کر کے دکھا دیا۔

انسان کو خدا تعالیٰ نے دو اہم صلاحیتوں سے نوازا ہے۔ وہ غور و فکر بھی کرتا ہے اور محسوس بھی کرتا ہے۔ پہلی قوت کا نام ہے ادراک اور دوسری کا احساس۔ شاعری میں ان دونوں کی کارفرمائی نظر آتی ہے۔ اعلی درجے کی شاعری میں فکر وادراک اور جذبہ واحساس گھل مل کر ایک ہو جاتے ہیں۔ بڑا شاعر زندگی کی حقیقتوں پر غور کرتا ہے اور انہیں شعر میں پیش کرنے سے پہلے جذبہ واحساس کی شکل دے دیتا ہے۔ میر نے یہ فرض بڑی ہنرمندی سے ادا کیا۔ بے شک میر میں عقلی تجزیے کی ایسی صلاحیت نہ تھی جیسی غالب میں ہے۔ لیکن یہ نہیں کہ وہ سوچتے نہ ہوں گے اور زندگی کی حقیقتوں پر غور نہ کرتے ہوں مثلاً کسی شیشے کے کارخانے کو دیکھ کر انہیں محسوس ہوتا ہے کہ پھونک مارنے میں ذراسی بے احتیاطی مصنوعات کی شکل بگاڑ دیتی ہے۔ اس کے ساتھ ہی انہیں معاملات دنیا کا خیال آتا ہے کہ یہاں بھی پھونک پھونک کر قدم رکھنا ہوتا ہے۔ ذرا غافل ہوئے اور کام بگڑا۔ کہتے ہیں:

لے سانس بھی آہستہ کہ نازک ہے بہت کام

آفاق کی اس کارگہ شیشہ گری کا

اسی غزل کے دو اور شعر ہیں جن سے یہ ثبوت ملتا ہے کہ شاعر غور کرنے اور نتیجہ نکالنے کی صلاحیت سے بہرہ ور ہے۔ ملاحظہ فرمایئے۔

جس سر کو غرور آج ہے یاں تاج وری کا
کل اس پہ یہیں شور ہے پھر نوحہ گری کا
آفاق کی منزل سے گیا کون سلامت
اسباب لٹا راہ میں یاں ہر سفری کا

میؔر دراصل جذبات کے شاعر ہیں۔ کوئی خیال ان کے ذہن میں پیدا ہوتا ہے تو وہ فوراً اسے شعر کے سانچے میں نہیں ڈھالتے۔ بلکہ یہ خیال ان کے دماغ میں پکتا اور پگھلتا رہتا ہے یہاں تک کہ وہ جذبہ واحساس کی شکل اختیار کر لیتا ہے اور آخر کار تاثیر سے لبریز شعر کی شکل میں نمودار ہوتا ہے۔ مثلاً وہ موت کی حقیقت پر غور کر کے اس نتیجے پر پہنچتے ہیں کہ موت زندگی کا اختتام نہیں بلکہ تھک کر ذرا دیر دم لینا ہے تا کہ مسافر تازہ دم ہو کر سفر جاری رکھ سکے۔

موت اک ماندگی کا وقفہ ہے
یعنی آگے چلیں گے دم لے کر

یا یہ شعر:

الٰہی کیسے ہوتے ہیں جنہیں ہے بندگی خواہش
ہمیں تو شرم دامن گیر ہوتی ہے خدا ہوتے

موضوعِ سخن

جو شاعر کسی مخصوص نظریے یا کسی خاص فلسفے کو اپنی شاعری کا موضوع بناتے ہیں

عام طور پر ان کی شاعری تازگی سے محروم ہو جاتی ہے اور اسے پڑھ کر ایک طرح کی تنگی کا احساس ہوتا ہے۔ میر کسی خاص نظریے کے شاعر نہیں اور وہ زندگی کو کسی مخصوص عینک سے نہیں دیکھتے۔ زندگی میں پیش آنے والا ہر چھوٹا بڑا تجربہ ان کے دل پر اثر کرتا ہے اور کسی شعر کی بنیاد بن جاتا ہے اس طرح میر اپنی شاعری میں بہت سے تجربات پیش کرنے میں کامیاب ہیں اور ان میں بڑی تعداد ان تجربات کی ہے جو عشق و عاشقی سے متعلق ہیں یہ واردات وہ ہے جو ہر دل پر کبھی نہ کبھی ضرور گزرتی ہے۔ اس لیے میر کی شاعری میں ہر دل کو اپنی کہانی سنائی دیتی ہے میر اپنی آپ بیتی سناتے ہیں اور سننے والے کو اپنی آپ بیتی معلوم ہوتی ہے۔ اس لیے تو کہا گیا ہے کہ میر نے آپ بیتی کو جگ بیتی بنا دیا۔

میؔر کی زبان (Language of Mir)

ورڈز ورتھ شاعری کے لیے بول چال کی عام زبان کو پسند کرتا ہے میؔر نے اپنی شاعری میں یہی زبان استعمال کی ہے۔ میؔر کی اس خصوصیات پر روشنی ڈالتے ہوئے پروفیسر نورالحسن نقوی رقم طراز ہیں:

''میؔر شعر نہیں کہتے، باتیں کرتے ہیں۔ وہ باتیں جو سننے والے کو ایسی لگیں جیسے پہلے سے اس کے دل میں موجود تھیں۔ انداز ایسا جیسے بے تکلف دوست اپنے دوست سے راز و نیاز میں محو ہو۔ لہجہ سرگوشی کا، زبان عام بول چال کی''۔

میؔر کے کلیات میں ان گنت ایسے شعر موجود ہیں جن پر بات چیت کا گمان ہوتا ہے اور میر کو اپنی اس خصوصیت پر ناز ہے۔ کتنے فخر سے کہتے ہیں۔

باتیں ہماری یاد رہیں، پھر باتیں ایسی نہ سنیے گا
پڑھتے کسو کو سنیئے گا تو دیر تلک سر دھنئے گا

مگر یہاں ایک نکتے کا ذہن نشین کر لینا ضروری ہے کہ شاعر بول چال کی زبان کا استعمال ضرور کرتا ہے مگر اسے شعری زبان بنا لیتا ہے۔ یہ کام آسان نہیں عام بول چال کی زبان کو شعر کی زبان بنانے کے لئے شعری وسائل سے کام لینا پڑتا ہے۔ مطلب یہ کہ شاعر کہیں استعارہ وتشبیہ کا سہارا لیتا ہے، کہیں رمزو کنایے کا۔ کہیں صفت سے کام لیتا ہے تو کہیں پیکر تراشی سے۔ باپ کی وفات کے بعد میر کو اپنی کسمپرسی کا احساس ہوا تو ایک جگہ انہوں نے اس خیال کو تقریباً نثر کے انداز میں ادا کر دیا ہے۔

اپنا ہی ہاتھ سر پہ رہا اپنے یاں سدا
مشفق کوئی نہیں کوئی مہرباں نہیں

دوسری جگہ یہی تجربہ شعری انداز اختیار کر لیتا ہے۔

اب جہاں آفتاب ہے ہم ہیں
یاں کبھو سروگل کے سایے تھے

آفتاب سے مراد ہے دھوپ، متکلم جب کہتا ہے کہ میں دھوپ میں کھڑا ہوا ہوں تو مطلب یہ ہے کہ زمانے کے شدائد جھیل رہا ہوں اور جب کہتا ہے کہ کبھی میرے سر پر پھولوں اور خوبصورت پودوں کا سایہ تھا تو کہنا یہ چاہتا ہے کہ ایک زمانہ تھا جب مجھے ہر طرح کی آسائش میسر تھی گویا دھوپ اور سایہ دو استعارے ہیں۔ ایک جگہ پھول کی بے ثباتی دکھانا مقصود ہے تو فرماتے ہیں:

کہا میں نے کتنا ہے گل کا ثبات
کلی نے یہ سن کر تبسم کیا

یہ شعر پیکر تراشی کا بہترین نمونہ ہے۔ پھول اور کلی دونوں نے جاندار کرداروں کی شکل اختیار کر لی ہے۔ اسے تجسیم کہتے ہیں۔ کلی کا تبسم نہایت معنی خیز ہے۔ پہلے تو یہ بات

ذہن میں آتی ہے کہ شاعر کا سوال بڑا مضحکہ خیز تھا۔ کلی اس احمقانہ سوال کا جواب کیا دیتی۔ طنز سے مسکرادی کیوں کہ پھول کی زندگی اتنی مختصر ہے کہ اس کے بارے میں کچھ پوچھنا نادانی ہے۔ دوسرا مطلب یہ بھی نکلتا ہے کہ کلی کے مسکرانے میں بس ایک پل لگتا ہے اشارہ یہ کہ جتنی دیر کی میری مسکراہٹ ہے بس اتنی ہی پھول کی زندگی ہے۔

شعر شور انگیز میں شمس الرحمٰن فاروقی نے اس شعر کی تشریح کرتے ہوئے لکھا ہے کہ

''شعر کا مفہوم اتنا واضح نہیں ہے جتنا بادی النظر میں معلوم ہوتا ہے۔ پہلے مصرع میں جو سوال ہے (گل کا ثبات کتنا ہے؟) اس کا مخاطب کوئی نہیں، وہ کلی تو ہرگز نہیں جس نے اسے ''سن کر'' جواب دیا ہے، بلکہ محض تبسم کیا ہے، ممکن ہے یہ سوال محض ایک خود کلامی ہو اور اس کے جواب کی توقع پوچھنے والے کو نہ ہو، ممکن ہے یہ سوال نہ ہو بلکہ اظہار حیرت ہو کہ گل کا ثبات کتنا (یعنی کس قدر زیادہ، یا کس قدر کم) ہے! لیکن جواب پھول کی طرف سے نہیں آتا، ایک کلی ضرور مسکراتی ہے لیکن ہم یہ نہیں کہہ سکتے کہ وہ جواباً مسکرائی ہے۔ (یعنی اس کی مسکراہٹ اس بات کی طرف اشارہ ہے کہ پھول کی زندگی بس اتنی ہے کہ کلی مسکرا کر پھول بن جائے، جتنا وقفہ کلی کو مسکرا کر پھول بننے میں لگتا ہے، اتنا ہی وقفہ پھول کو مرجھانے میں لگتا ہے۔)۔... کہنے والے شخص کا خود کچھ بھروسہ نہیں، خود اس کی زندگی کا کوئی اعتبار نہیں اور وہ اس فکر میں مبتلا ہے کہ گل کا ثبات کتنا ہے!... کلی کے مسکرانے میں ایک طرح کا المناک وقار Tragic dignity بھی ہے، کیونکہ مسکرانا اس کے لیے فنا کی تمہید ہے لیکن پھر بھی مسکرانے سے باز نہیں آتی، کیونکہ اسے اپنی زندگی کے منصب سے عہدہ برآ ہونا ہے۔ یہ نکتہ بھی دلچسپ ہے کہ پھول کے کان فرض کیے جاتے ہیں لیکن وہ نہیں سنتا، کلی سنتی ہے اور تبسم کرتی ہے شاید پھول کے کان محض مصنوعی ہیں اور کیوں نہ ہوں جب اس کا وجود ہی مشتبہ ہے۔ کلی شاید یہ کہہ رہی ہے کہ جب ہم کو ہی ثبات نہیں (ادھر مسکرائے ادھر ہوا ہوئے) تو پھول کو ثبات کہاں سے ہوگا۔''

اب ملاحظہ ہوں بات چیت کی زبان میں میر کے چند شعر:

یاد اس کی اتنی خوب نہیں میر باز آ
نادان پھر وہ جی سے بھلایا نہ جائے گا

ہم فقیروں سے کج ادائی کیا
آن بیٹھے جو تم نے پیار کیا

باہم سلوک تھے تو اٹھاتی تھے نرم گرم
کاہے کو میر کوئی دبے جب بگڑ گئی

پاسِ ناموسِ عشق تھا ورنہ
کتنے آنسو پلک تک آئے تھے

غنائیت

موسیقی یا ترنم شاعری کے لئے بے حد ضروری ہے۔ جس طرح اچھی نثر کی خوبی یہ ہے کہ اسے بلند آواز سے پڑھا جائے تو کانوں کو حظ یعنی لطف حاصل ہو اسی طرح اچھی شاعری اسے کہیں گے جسے گایا جاسکے۔ کولرج کے نزدیک نثر کی تعریف ہے ''الفاظ بہترین ترتیب کے ساتھ'' اور شعر کی تعریف ''بہترین الفاظ بہترین ترتیب کے ساتھ'' شعر کے لئے شاعر پہلے تو بہترین لفظوں کا انتخاب کرتا ہے، پھر انہیں بہترین ترتیب کے ساتھ پیش کر دیتا ہے۔ میر کو لفظوں کے انتخاب اور ان کی ترتیب دونوں کا ہنر خوب آتا ہے۔ اندازہ ہوتا ہے کہ وہ موسیقی کے فن میں ماہر ہیں۔ بہت غور و فکر کے بعد وہ لفظوں کا انتخاب کرتے ہیں اور انہیں اس طرح شعر میں بٹھا دیتے ہیں کہ دلکش ترنم پیدا ہو۔ کبھی کبھی لفظوں کی تکرار سے خوش گوار آہنگ پیدا کرتے ہیں۔

اشعار میر کی نغمگی کا ایک سبب یہ بھی ہے کہ وہ اسم کم اور افعال زیادہ استعمال

کرتے ہیں۔ بعض شعروں میں ایک سے زیادہ نحوی اکائیاں ہیں اور یہ بات طے شدہ ہے کہ افعال سے نغمگی پیدا ہوتی ہے۔اب دیکھئے اس کی مثالیں:

کن نیندوں اب تو سوتی ہے اے چشم گریہ ناک
مژگاں تو کھول شہر کو سیلاب لے گیا
عشق ہمارے خیال پڑا ہے خواب گیا آرام گیا
دل کا جانا ٹھہر گیا ہے صبح گیا یا شام گیا

اس نغمگی کا دوسرا راز یہ ہے کہ میرؔ کے کلام میں طویل مصوتوں کا استعمال زیادہ ہے اور تیسری بات یہ کہ فارسی عربی کی صغیری آوازوں کے ساتھ دیسی مہکار آوازوں کی آمیزش نے کلام میر کی موسیقیت میں اضافہ کیا ہے۔

غرض نغمگی وموسیقیت میر کی شاعری کا ایک امتیازی نشان ہے۔ اسے ان کی صناعی اور شاعرانہ مہارت میں کہا جاسکتا ہے کہ بھدا اور ثقیل لفظ بھی ان کے ہاتھ میں پہنچ کر موم ہو جاتا ہے۔ اور وہ جس طرح چاہتے ہیں اسے استعمال کرتے ہیں۔

فارسی تراکیب: غالبؔ کی فارسی ترکیبوں پر برابر اعتراض ہوتا رہا ہے۔ دلچسپ بات یہ ہے کہ غالبؔ نے متعدد تراکیب کلام میر سے لی ہیں۔ میرؔ نے دو دو اور تین تین اضافتوں والی تراکیب استعمال کی ہیں مگر یہ شعروں میں اس طرح کھپ گئی ہیں کہ کسی کو ان کے وجود کا احساس تک نہیں ہوتا۔ دیکھیے۔

ہنگامہ گرم کن جو دلِ ناصبور تھا
پیدا ہر ایک نالے سے شور نشور تھا
کوئی ہو محرمِ شوخی ترا تو میں پوچھوں
کہ بزم عیش جہاں کیا سمجھکے برہم کی

ان شعروں میں ہنگامہ گرم کن، دلِ ناصبور، شور نشور، محرم شوخی، بزمِ عیش جہاں جیسی ترکیبیں استعمال ہوئی ہیں۔ میر فارسی الفاظ وتراکیب کے پہلو بہ پہلو ہندی الفاظ بھی استعمال کرتے ہیں۔ ان کے اشعار میں نہ فارسی الفاظ ناگوار ہوتے ہیں نہ ہندی الفاظ کیوں کہ انہیں دونوں کے استعمال کا سلیقہ آتا ہے۔

پیکر تراشی: لفظوں کے ذریعہ تصویر بنانا یعنی پیکر تراشی کلام میر کا وصفِ خاص ہے۔ یہ ایک ایسا شعری وسیلہ ہے جس سے کوئی حالت یا منظر قاری کے پیش نظر ہو جاتا ہے، ظاہر ہے کہ دیکھی ہوئی چیز، سنی ہوئی چیز سے زیادہ دلکش اور پر اثر ہوتی ہے، میر اس راز سے بھی واقف ہیں اور فن پیکر تراشی سے متعلق ان کی معلومات بھی غیر معمولیہیں۔ اس لئے میر کے کلام میں شعری پیکر ہر طرف بکھرے نظر آتے ہیں۔ یہاں دو ایک شعر مثال کے طور پر پیش کیے جاتے ہیں۔

چلتے ہو تو چمن کو چلئے سنتے ہیں کہ بہاراں ہے
پات ہرے ہیں پھول کھلے ہیں کم کم بادوباراں ہے

رات محفلمیں تری ہم بھی کھڑے تھے چپ کے
جیسے تصویر لگادے کوئی دیوار کے ساتھ

شمس الرحمان فاروقی نے ''شعر شور انگیز'' جلد سوم میں لکھا ہے:

''سب سے پہلی بات یہ کی شعر میں لہجہ کچھ ایسا ہے جیسے متکلم نے معشوق کو خط لکھا ہو۔ گذشتہ رات وہ اس کی محفل میں گیا، لیکن وہاں اسے کوئی پذیرائی نہیں نصیب ہوئی اور وہ چپ چاپ کھڑا رہ کر بے نیل مرام واپس آ گیا... دوسری بات یہ کہ مجلس میں چپ کے کھڑے ہونے کے دو معنی ہیں۔ چپ چاپ اور چوری چھپے۔ تیسری بات یہ کہ چپ کے کھڑے ہونے میں حیرت کے علاوہ اس بات کا بھی کنایہ ہے کہ متکلم کی بات کسی نے نہ

پوچھی، یا متکلم کو یارائے گفتگو نہ تھا... چوتھی بات یہ کہ ''ہم بھی'' میں اس بات کا کنایہ ہے کہ وہاں متکلم جیسے بہت سے لوگ تھے... پانچویں بات یہ کہ رات کا ذکر شعر کو روزانہ کی زندگی سے بہت قریب لے آتا ہے اوراسے اپنی طرح کی واقعیت عطا کرتا ہے۔ چھٹی بات یہ کہ تصویر کا دیوار پر لگایا جانا زیادہ مناسب ہے، بہ نسبت دروازہ پر لگائے جانے کے۔ ساتویں بات یہ کہ ''جیسے تصویر لگا دے کوئی'' میں متکلم کی مجبوری اور محفل میں اس کا بالکل نامراد اور نااہل رہنا پوری طرح موجود ہے... شعر زیر بحث میں متکلم گویا وہ تصویر ہے جسے کسی نے دیوار پر لگا دیا ہے، خود متکلم کا ارادہ یا مرضی اس میں شامل نہیں۔ مجبوری اوراپنے ارادے کا مالک نہ ہونے کا یہ کنایہ بہت پرقوت ہے۔ آخری بات یہ کہ دیوار سے لگی ہوئی تصویر ذرہ سے ہوا کے جھونکے یا کسی کا ہاتھ لگنے سے گر بھی سکتی ہے، لہذا اس میں متکلم کے ضعف کا بھی کنایہ ہے۔

میرؔ تشبیہیں بھی ایسی انتخاب کرتے ہیں جن تک ذہن کی رسائی آسانی سے ہو جائے۔ دیکھیے اس کی چند مثالیں:

شام سے کچھ بجھا سا رہتا ہے
دل ہوا ہے چراغ مفلس کا

ناز کی اس کے لب کی کیا کہیے
پنکھڑی اک گلاب کی سی ہے

سوز گداز

میر نے ایک شعر میں اپنی قلمی تصویر ان لفظوں میں کھینچی ہے۔

قامت خمیدہ ، رنگ شکستہ، بدن نزار
تیرا تو میرؔ غم میں عجب حال ہو گیا

مجنون گورکھپوری نے کہا ہے کہ غم واندوہ کے شاعر سے سرور وانبساط کے شاعر کا رتبہ بلند ہوتا ہے۔ اس رائے کے درست ہونے میں شک نہیں لیکن یہ بھی ایک حقیقت ہے کہ حزینہ شاعری نشاطیہ شاعری سے زیادہ پراثر ہوتی ہے۔ اس کے علاوہ میر کا کمال یہ ہے کہ انہوں نے اپنے غم کو آفاقی بنا کر پیش کیا ہے۔ نتیجہ یہ کہ پڑھنے والے کو ان کا غم اپنا غم معلوم ہوتا ہے اور کلامِ میر کا دائرہ اثر بہت وسیع ہو جاتا ہے۔

میر کے غم کی ایک صفت یہ ہے کہ وہ ہمیں پسپا نہیں کرتا، حوصلہ بڑھاتا ہے اور حالات کا مقابلہ کرنے کی طاقت عطا کرتا ہے۔ بقول سید عبد اللہ میر اپنے شعروں میں غم کا اظہار تو جابجا کرتے ہیں مگر اس لیے کہ ہم اس کے تلے دب نہ جائیں وہ برابر ہمیں سہارا دیے رہتے ہیں۔ غم کے پہلو بہ پہلو وہ کسی نہ کسی خوشی کا ذکر بھی کرتے جاتے ہیں جس سے غم کی شدت کم ہو جاتی ہیں اور وہ گوارا محسوس ہونے لگتا ہے۔ چند شعر ملاحظہ ہوں۔

ایک محروم چلے میر ہمیں دنیا سے
ورنہ عالم نے زمانے کو دیا کیا کیا کچھ

جن بلاؤں کو میر سنتے تھے
ان کو اس روزگار میں دیکھا

یا روئے یا رلایا اپنی تو یوں ہی گذری
کیا ذکر ہم صفیراں یاران شادماں کا

قید قفس میں ہیں تو خدمت ہے نالگی کی
گلشن میں تھے تو ہم کو منصب تھا روضہ خواں کا

میر کی سادگی، ان کا انداز بیان اور ان کی دل گداختگی ان سب چیزوں نے کلام میر میں بے پناہ تاثیر پیدا کر دی ہے اور ان کا وہ مصرع بے اختیار یاد آتا ہے جو انہوں نے اپنے

بارے میں کہا تھا۔

منہ تکیے غزل پڑھتے عجب سحرِ بیاں تھا

میرؔ کی اس سحر بیانی کو خراج عقیدت پیش کرتے ہوئے بابائے اردو مولوی عبدالحق فرماتے ہیں۔

''میرؔ کے شعر چپکے چپکے خود بخود دل میں اثر کرتے چلے جاتے ہیں جس کی مثال اس نشتر کی سی ہے جس کی دھار نہایت باریک اور تیز ہے اور اس کا اثر اسی وقت معلوم ہوتا ہے جب وہ دل پر جا کر کھٹکتا ہے۔ میر کا مرتبہ انیسؔ سے بلند ہے کہ انیسؔ رُلاتے ہیں۔ میر خود روتا ہے۔ یہ آپ بیتی ہے اور وہ جگ بیتی''۔

مرزا اسداللہ خاں غالبؔ (Mirza Asadullah Khan Ghalib)

ہماری شاعری کے ایک نقاد نے غالب کی غزل کو ٹی۔ ایس۔ ایلیٹ کی کسوٹی پر پرکھنے کی کوشش کی ہے۔ ایلیٹ کا ارشاد بجا ہے کہ کسی شاعر کا کلام سنتے ہی سامعین داد دینے لگیں تو اس کی عظمت مسلم نہیں ہو جاتی۔ ہوسکتا ہے جو باتیں بار بار کہی جا چکی ہیں انہی کو دہرایا گیا ہو اور سامعین کو ان پر سوچ بچار کی ضرورت ہی پیش نہ آئی ہو۔ جب کوئی نئی اچھوتی بات کہی جاتی ہے تو اس پر غور وفکر کی ضرورت ہوتی ہے چنانچہ ایلیٹ کے نزدیک شاعر کی عظمت کی دلیل یہ ہے کہ شاعر کے زمانے میں اس کے قدردانوں کا ایک حلقہ ضرور موجود ہو خواہ وہ چھوٹے سے چھوٹا ہی کیوں نہ ہو اور وقت گزرنے کے ساتھ وہ حلقہ وسیع ہوتا جائے۔ ذوقؔ کے زمانے میں ان کے قدردان بہت تھے۔ جو وقت کے ساتھ گھٹتے چلے گئے اور آج ان کی غزل کو سراہنے والا شاید کوئی بھی نہیں۔ اس کے برعکس غالبؔ کے پرستاروں کی تعداد میں برابر اضافہ ہوتا گیا اور آج ساری دنیا میں ان کا شہرہ ہے۔

غالبؔ کی عظمت کا اصل سبب یہ ہے کہ انہوں نے اردو غزل کو سوچنا سکھایا، اسے غور وفکر کی عادت ڈالی۔ غالبؔ سے پہلے اردو غزل کی دنیا بہت محدود تھی۔ حسن کے معاملات اور عشق کی واردات کے سوا اس میں کچھ بھی نہ تھا۔ غالبؔ نے زندگی کے مسائل پر غور کیا اور انہیں اپنی شاعری کا موضوع بنایا۔ غالب فلسفی بے شک نہیں اور ان کے پاس کوئی ایسا منظّم فلسفہ نہیں جیسا کہ اقبال کے پاس ہے لیکن وہ ایک حکیمانہ نظر رکھتے ہیں۔ شاعری دو طرح کی ہوتی ہے اچھی شاعری اور عظیم شاعری۔ اچھی شاعری وہ ہے جس سے صرف لطف حاصل ہو۔ عظیم شاعری وہ ہے جو لطف عطا کرنے کے ساتھ فکر کو بھی بیدار کرے۔ رابرٹ فراسٹ کے اس خیال میں بہت وزن ہے کہ اعلا درجے کی شاعری مسرت سے شروع ہو کر بصیرت پر ختم ہوتی ہے۔ پروفیسر آل احمد سرور نے لکھا ہے کہ فکر سے فن کو آب وتاب ملتی ہے۔ غالبؔ کی شاعری کو فکری عنصر نے بھی حسن عطا کیا ہے۔

غالبؔ زندگی کی دشواریوں اور تلخ کامیوں سے پوری طرح واقف تھے۔ ذاتی زندگی میں انہیں بہت سی ناکامیوں کا سامنا کرنا پڑا تھا اور ان کے گرد وپیش جو ماحول تھا اس سے بھی وہ مطمئن نہیں تھے کوئی حساس اور ذی فہم شخص مطمئن ہوتا بھی نہیں۔ غالبؔ پر جو کچھ گزرتی ہے اور اپنے چاروں طرف وہ جو کچھ دیکھتے ہیں اس سے کبھی مایوس ہوتے ہیں اور کبھی متحیر۔ اس کا نتیجہ اکثر یہ بھی نکلتا ہے کہ وہ طرح طرح کے سوال کرتے ہیں۔ یہ استفہامیہ انداز ان کے دیوان میں جا بجا نظر آتا ہے۔ یہاں چند اشعار پیش کیے جاتے ہیں۔

دلِ ناداں تجھے ہوا کیا ہے
آخر اس درد کی دوا کیا ہے

جب کہ تجھ بن نہیں کوئی موجود
پھر یہ ہنگامہ، اے خدا کیا ہے

یہ پری چہرہ لوگ کیسے ہیں
غمزہ وعشوہ و ادا کیا ہے

شکنِ زلف عنبریں کیوں ہے
نگہٗ چشم سرمہ سا کیا ہے

سبزہ و گل کہاں سے آئے ہیں
ابر کیا چیز ہے ہوا کیا ہے

زندگی اپنی جب اس شکل سے گزری غالب
ہم بھی کیا یاد کریں گے کہ خدا رکھتے تھے

کیا وہ نمرود کی خدائی تھی
بندگی میں مرا بھلا نہ ہوا

عرض کیا جاچکا ہے کہ غالب کا کوئی منظّم فلسفہ نہیں ہے۔ وہ ایک غور وفکر کرنے والے شاعر ہیں۔ مگر اس غور وفکر سے کبھی ایک نتیجہ نکلتا ہے کبھی دوسرا۔ ابھی خوش نظر آتے ہیں۔ ذرا دیر میں رنجیدہ ہو جاتے ہیں ابھی دنیا پر جان نچھاور کرنے کو آمادہ ہیں۔ ذرا سی بات میں اس سے بیزار ہو گئے۔ کبھی خودداری کا یہ حال ہے کہ ''اُلٹے پھر آئے درِ کعبہ اگر وانہ ہوا''۔ اور ذرا دیر میں یہ صورت ہے کہ ''جانا پڑا رقیب کے در پر ہزار بار'' یا تو یہ عالم ہے کہ محبوب کے ساتھ زور زبردستی سے بھی گریز نہیں فرماتے ہیں۔

عجز ونیاز سے تو نہ آیا وہ راہ پر
دامن کو اس کے آج حریفانہ کھینچیے

یا ایسے عجز وانکسار کا مظاہرہ کرتے ہیں کہ ''اٹھا اور اٹھ کے قدم میں نے پاسباں

کے لئے‘‘۔ یہ مزاجی کیفیت کہ ان میں کچھ ہے، ان میں کچھ ہے، قابل اعتراض نہیں۔ زندگی اسی دھوپ چھاؤں کا نام ہے۔

کلامِ غالبؔ کی ایک اور خصوصیت اس کی تہہ داری ہے۔ تہہ داری کا مطلب یہ ہے کہ شعر میں ایک سے زیادہ معنی نکلتے ہوں۔ پہلی بار شعر پڑھا یا سنا تو اس کے ایک معنی دستیاب ہوئے۔ پھر غور سے دیکھا تو اسی شعر کی تہہ سے دوسرے معنی برآمد ہوئے۔ ان کا ایک شعر ہے۔

کوئی ویرانی سی ویرانی ہے
دشت کو دیکھ کے گھر یاد آیا

اس کا مطلب تو یہ ہوا کہ دشت کی ویرانی بڑی وحشت ناک ہے۔ اسے دیکھ کر خیال آیا کہ ہمارا گھر بھی اس طرح ویران تھا۔ دوسرا مطلب یہ ہوسکتا ہے کہ نہ عشق کرتے نہ گھر چھوڑ کر اس وحشت کدے میں آنا پڑتا۔ لیکن اس شعر کے ایک تیسرے معنی بھی ہیں۔ پہلے مصرع کو تحقیر کے انداز میں پڑھیے۔ یعنی یہ بھی کوئی ویرانی ہے۔ اصل ویرانی دیکھنی ہو تو میرے گھر کو دیکھو۔ غالبؔ کے کلام میں ایسے بہت سے شعر مل جاتے ہیں جن کے کئی کئی معنی نکلتے ہیں۔ اس طرح کا ایک اور شعر ہے:

کون ہوتا ہے حریف مے مرد افگن عشق
ہے مکرر لبِ ساقی پہ صلا میرے بعد

دوسرے مصرعے سے یہ اشارہ مل جاتا ہے کہ پہلے مصرعے کو دو مختلف انداز سے پڑھنا ہوگا۔ پہلے چیلنج کے انداز میں یعنی کوئی ہے جو عشق کے مدمقابل ہو۔ دیوان غالب میں اس طرح کے متعدد اشعار مل جاتے ہیں جن کے ایک سے زیادہ معنی نکلتے ہیں۔

کلامِ غالبؔ کی تیسری اہم خصوصیت مشکل پسندی ہے۔ ان کے بیشتر اشعار ایسے ہیں کہ استاد کی رہنمائی یا شرح کی مدد کے بغیر ان کے معانی تک رسائی ممکن نہیں۔ ورڈ ورتھ شاعری کے لیے اس زبان کو پسند کرتے ہیں جسے عام لوگ بول چال میں استعمال کرتے ہیں۔ کولرج فلسفے کی زبان کو شاعری کے لیے مناسب خیال کرتے ہیں۔ شاعر و ادیب وہ زبان اختیار کرنے پر مجبور ہے موضوع جس زبان کا تقاضا کرے۔ ادب زندگی کا آئینہ ہے۔ جب زندگی سادہ تھی تو شعر و ادب کی زبان بھی سادہ ہوتی تھی وقت گزرنے کے ساتھ زندگی پیچیدہ ہوتی چلی گئی تو لامحالہ شعر نے بھی پیچیدگی کا پیرایہ اختیار کیا، گویا غالبؔ نے پیچیدہ پرایۂ اظہار اپنایا تو یہی ان کے عہد کا تقاضا تھا۔

غالبؔ کے اشعار اس لیے مشکل معلوم ہوتے ہیں کہ انہوں نے پہلی بار فکر کو شاعری میں داخل کیا۔ اردو شاعری کے سامعین اس کے عادی نہ تھے اور شریں زبان کا چٹخارا ڈھونڈھتے تھے۔ اس کا دوسرا سبب ان کی فارسی دانی تھی۔ فارسی زبان اور فارسی شعر و ادب ان کے مزاج میں رچ بس گئے اس لیے ان کے کلام میں فارسی الفاظ کی کثرت ہے جس نے ان کے کلام کو مشکل بنا دیا ہے لیکن اس کا تیسرا اور اصل سبب ان کے تخیل کی بلند پروازی ہے تخیل نام ہے خیال کی پرواز کا اور اس کے بغیر شعر وجود میں آ ہی نہیں سکتا۔ لیکن تخیل کی پرواز اتنی بلند بھی نہ ہونی چاہیے کہ وہ آسمان کی وسعتوں میں گم ہو جائے اور زمین سے اس کا رشتہ ہی ٹوٹ جائے۔ غالب کی شاعری میں اکثر ایسا ہی ہوا ہے۔ محمد حسین آزاد نے ''آبِ حیات'' میں غالبؔ کے تخیل کی بلند پروازی پر طنز کرتے ہوئے لکھا ہے۔ ''بعض بلند پرواز ایسے اوج پر جائیں گے جہاں آفتاب تارا ہو جائے گا اور بعض ایسے اڑیں گے کہ اڑ ہی جائیں گے۔ ایک جگہ لکھتے ہیں۔ اکثر شعر ایسے اعلا درجہ رفعت پر واقع ہوئے ہیں کہ ہمارے نارسا ذہن وہاں تک نہیں پہنچ سکتے''۔

غالبؔ کی مشکل گوئی کی شکایت ان کے ایک ہم عصر طبیب و شاعر آغا جان عیش نے

ان الفاظ میں کی ہے۔

اگر اپنا کہا تم آپ ہی سمجھے تو کیا سمجھے
مزا کہنے کا جب ہے اک کہے اور دوسرا سمجھے

کلام میر سمجھے اور زبان میر زا سمجھے
مگر ان کا کہا یہ آپ سمجھیں یا خدا سمجھے

اس طرح کی شکایتوں سے غالبؔ کے مزاج میں برہمی پیدا ہوتی تھی۔ ایک بار جھنجھلا کر اس اعتراض کا یہ جواب دیا۔

نہ ستایش کی تمنا نہ صلے کی پروا
گر نہیں ہیں مرے اشعار میں معنی نہ سہی

اس سلسلے کی ایک رباعی بھی کہی۔

مشکل ہے زبس کلام میرا اے دل
سن سن کے جسے سخنورانِ کامل
آساں کہنے کی کرتے ہیں فرمایش
گویم مشکل وگرنہ گویم مشکل

لیکن ایسا نہیں کہ اس تنقید کا غالب پر اثر نہ ہوا ہو۔ ان کا ابتدائی زمانے کا کلام مشکل تھا انہوں نے نمونے کے طور پر کچھ غزلیں رہنے دیں باقی کو قلم زد کر دیا اور آئندہ نسبتاً آسان زبان اختیار کرنے کی کوشش کی۔

شوخی اور ظرافت غالبؔ کے مزاج میں داخل تھے۔ اسی لیے حالی نے انہیں حیوان ظریف کہا ہے۔ پر لطف گفتگو سے، دلچسپ لطیفوں اور چٹکلوں سے ہر و قہقہے بکھیرتے رہتے

تھے۔ ان کے مزید ار فقروں کو ان کے عقیدت مند قیمتی سوغات کی طرح اپنے اپنے وطن کو لے جاتے تھے۔ دوستوں، عزیزوں کو سناتے اور محظوظ ہوتے تھے۔ اسی لیے مرثیہ غالبؔ میں حالیؔ نے کہا تھا۔

تھیں تو دلی میں اس کی باتیں تھیں
لے چلیں اب وطن کو کیا سوغات

ان کی ذاتی زندگی اور مجموعۂ مکاتیب کی طرح غالبؔ کے دیوان میں بھی شوخی، ظرافت اور طنز کی بہت سی مثالیں موجود ہیں۔ ان کا رقیب، ان کا محبوب، جنت، دوزخ، فرشتے اور حد یہ ہے کہ خدا تعالیٰ، کوئی بھی ان کی ظرافت سے محفوظ نہ رہ سکا۔ دیکھیے۔

آئینہ دیکھ اپنا سا منہ لے کے رہ گئے
صاحب کو دل نہ دینے پر کتنا غرور تھا

پوچھو مت رسوائی انداز استغنائے حسن
دست مرہون حنا رخسار رہن غازہ تھا

ہم کو معلوم ہے جنت کی حقیقت لیکن
دل کو خوش رکھنے کو غالبؔ یہ خیال اچھا ہے

کیوں نہ فردوس میں دوزخ کو ملالیں یارب
سیر کے واسطے تھوڑی سی فضا اور سہی

وہ لحد پہ بوئے مے تھی کہ نہ آسکے فرشتے
میں عذاب میں پھنسا تھا جو نہ بادہ خوار ہوتا

کیا وہ نمرود کی خدائی تھی
بندگی میں مرا بھلا نہ ہوا

وہ اپنی ذات کو بھی طنز و تمسخر کا نشانہ بناتے ہیں۔

چاہتے ہیں خوب رویوں کو اسدؔ
آپ کی صورت تو دیکھنا چاہیے

غالبؔ کی انانیت بھی اس انداز تحریر کا نتیجہ ہے، جس سے ہر خامی اصل سے کچھ زیادہ ہی ناقص نظر آتی ہے۔ کوئی خرابی فنکار کی نظر سے بچ نہیں سکتی۔ وہ اسے دیکھتا ہے۔ اس پر کڑھتا ہے اور اسے اپنے طنز کا نشانہ بناتا ہے۔ فن کار بہت ذکی الحس ہوتا ہے اور کسی کجی کو برداشت نہیں کرسکتا۔ خامکاروں کے مقابل وہ خود کو بہت بلند مرتبہ پاتا ہے اور انہیں حقارت کی نظر سے دیکھتا ہے۔ ہر بڑے فن کار کی طرح غالب کو اپنی عظمت کا احساس تھا۔ اس احساس کا اظہار نظم و نثر دونوں میں جا بجا ہوا ہے۔ ایک خط میں لکھتے ہیں۔

''خدا کے واسطے داد دینا، اگر ریختہ یہ ہے تو میر و مرزا کیا کہتے تھے اگر ریختہ وہ تھا تو پھر یہ کیا ہے''۔

یہی بات شعروں میں بھی دہرائی گئی ہے۔

آج مجھ سا نہیں زمانے میں
شاعر نغز گوے خوش گفتار

رزم کے داستان گر سنیے
ہے زباں میری تیغ جوہر دار

بزم کا التزام گر کیجیے
ہے قلم میری ابر گوہر بار

تصور کشی میں بھی غالبؔ کو بہت مہارت حاصل ہے۔ وہ لفظوں سے ایسی تصویر بناتے ہیں کہ مصور رنگوں سے ایسی مکمل اور جیتی جاگتی تصویر بنانے سے قاصر ہے۔ مثال کے لیے غالب کی وہ غزل پیش کی جاسکتی ہے جس کا ہر شعر ایک زندہ تصویر ہے اور غزل ایک دلکش البم، ہمارا اشارہ اس غزل کی طرف ہے۔

مدت ہوئی ہے یار کو مہماں کیے ہوئے
جوشِ قدح سے بزم چراغاں کیے ہوئے

مانگے ہے پھر کسی کو لبِ بام پر ہوس
زلفِ سیاہ رخ پہ پریشاں کیے ہوئے

اک نو بہار ناز کو تاکے ہے پھر نگاہ
چہرہ فروغ مے سے گلستاں کیے ہوئے

غالبؔ رنگوں کے ایسے شیدائی ہیں کہ استعاروں کے انتخاب میں بھی وہ رنگوں سے بہت کام لیتے ہیں اور ایسے حسی پیکر تراشتے ہیں جنہیں رنگ ونور کا مجسمہ کہا جاسکتا ہے۔ گل، گلستاں، آفتاب، لالہ، قطرہ خوں ان کے پسندیدہ استعارے ہیں۔

گلشن کو تری صحبت ازبس کہ خوش آئی ہے
ہر غنچہ کا گل ہونا آغوش کشائی ہے

دل تا جگر کہ ساحل دریائے خوں ہے اب
اس رہ گزر میں جلوۂ گل آگے گرد تھا

موسیقیت کلام غالب کی نمایاں خصوصیت ہے۔ غالب موسیقی سے محض دلچسپی ہی نہیں بلکہ اس میں مہارت بھی رکھتے تھے۔ لفظوں کا وہ جس ہنرمندی سے انتخاب کرتے ہیں

اور جس سلیقے سے انہیں ترتیب دیتے ہیں اس سے اندازہ لگایا جاسکتا ہے کہ انہیں اس فن پر کیسا عبور حاصل تھا اسی لیے ان کی بیشتر غزلوں میں یہ خوبی موجود ہے کہ انہیں دلکش ترنم کے ساتھ گایا جاسکتا ہے۔

کلامِ غالبؔ کے ایک نقاد کی یہ رائے درست ہے کہ موزوں مترنم الفاظ، ان کی مناسب ترتیب، بحر وقافیہ کا انتخاب، استعارہ و پیکر جیسے شعری وسائل ہی سے کسی شاعر کی عظمت کا تعین نہیں ہوتا۔ دیکھنے کی چیز یہ ہے کہ شاعر کے پاس ایسے تجربات کا ذخیرہ ہے کہ نہیں، جو آفاقی بھی ہوں اور قابلِ ذکر بھی اور اس سے زیادہ اہم بات یہ ہے کہ یہ تجربات شاعر کے احساس میں رچ بس کر فنی آداب کے ساتھ شعر کے قالب میں ڈھل گئے ہوں۔ اگر ایسا ہے تو اسے بقائے دوام کی بشارت دی جاسکتی ہے اور غالبؔ ایسے ہی ایک شاعر ہیں۔

حسرت موہانی (Hasrat Mohani)

پروفیسر رشید احمد صدیقی نے مولانا حسرت موہانی کی غزل گوئی کے بارے میں لکھا ہے:

''حسرت خالص غزل گو تھے۔ ان سے پہلے بھی بڑے جید غزل گو گذرے ہیں۔ معاصر غزل گو بھی اپنا اپنا مقام رکھتے ہیں۔ پھر بھی حسرت کی غزل گوئی ممتاز اور منفرد ہے۔ اس لئے کہ حسرت غزل کا سہارا غزل ہی سے لیتے ہیں کسی اور سے نہیں۔ غزل گوئی کوئی کرے معیار حسرت میں ہوں گے''۔

پروفیسر صدیقی نے جو کچھ فرمایا وہ حرف بہ حرف درست ہے۔ حسرت نے جب شاعری کا آغاز کیا تو اردو غزل کے بارے میں طرح طرح کی بدگمانیاں پیدا ہوگئی تھیں۔ سر سید کے اثر سے حالی نے غزل کو ناقص اور مضر صنف سخن قرار دیا۔ مجنوں گورکھپوری کے لفظوں

میں "حالی پر ایک پیر درینہ سال (سرسید) کا رعب ایسا چھایا کہ وہ یہ نہ سمجھ سکے کہ بلبل کی ہم زبانی چھوڑ کر چمن والوں کو کیا نقصان پہونچا رہے ہیں"۔ حالی نے غزل کو بے وقت کی راگنی قرار دیا۔

غزل پر حالی کی تنقید اور نظم کی وکالت سے ایسی فضا پیدا ہوگئی کہ غزل کا مستقبل تاریک نظر آنے لگا۔ ایسے میں حسرت موہانی نے غزل کا راگ چھیڑا۔ وہ غزل گو بھی تھے اور غزل کے پارکھ بھی۔ انہوں نے غزل کے فن پر مسلسل غور کیا اور بہت سے مضامین لکھے۔ ابتدائی زمانے میں انہوں نے غزل کے علاوہ باقی اصناف سخن میں طبع آزمائی کی لیکن آخر کار وہ اس نتیجے پر پہنچے کہ وہ غزل کے لئے بنے ہیں چنانچہ انہوں نے ۱۹۱۴ء میں اپنے دیوان میں لکھا کہ "راقم کی طبیعت میں اپنے لئے اصناف وسخن میں غزل کو اپنے حسب حال پا کر منتخب کر لیا"۔ اسی کو انہوں نے بار بار اپنے شعروں میں بھی پیش کیا ہے۔

لکھتا ہوں مرثیہ نہ قصیدہ نہ مثنوی
حسرت غزل ہے صرف میری جان عاشقان

عشق حسرت کو ہے غزل کے سوا
نہ قصیدے نہ مثنوی کی ہوس

جس شاعر نے اساتذہ کے کلام کا تنقیدی نظر سے مطالعہ کیا ہو اور اس مطالعہ کے نتائج مستقل مضامین کی شکل میں پیش کئے ہوں ظاہر ہے کہ اس میں بہت سوچ سمجھ کر فیصلہ کیا ہوگا کہ کس شاعر کی پیروی کرنی چاہیے۔ یوں تو حسرت نے یہ بھی کہا کہ

غالب و مصحفی و میر ونسیم ومومن
طبعِ حسرت نے اٹھایا ہے ہر استاد سے فیض

میر کی عظمت کے آگے سر جھکایا (شعر میرے بھی پر درد ہیں حسرت لیکن۔ میر کا شیوہ گفتار کہاں سے لاؤں۔ سعدی جامی اور حافظ جیسے بلند پایہ غزل گو شعرا کی خدمت میں بھی خراج عقیدت پیش کیا لیکن حقیقت یہ ہے کہ وہ حسن پرست بھی تھے اور عاشق مزاج بھی اور ان کا عشق خالص عشق مجازی تھا جس میں ہوسنا کی بھی شامل تھی اس لئے ان کا دل مومن کی طرف کھنچتا تھا کیونکہ مومن کی شاعری میں عشق مجازی کی سنبھلی ہوئی کیفیتیں ملتی ہیں۔ انہوں نے تسلیم کی شاگردی اختیار کی اور تسلیم و نسیم کے واسطے سے اپنا رشتہ سخن مومن سے جوڑ لیا۔ حسرت نے اپنے شعروں میں مومن اور نسیم کی غزل کو بہت سراہا ہے۔ دیکھئے۔

حسرت میرے کلام میں مومن کا رنگ ہے
ملک سخن میں مجھ سا کوئی دوسرا نہیں

حسرت یہ وہ غزل ہے جسے سن کے سب کہیں
مومن سے اپنے رنگ کو تو نے ملا دیا

حسرت تری شگفتہ کلامی پہ آفریں
یاد آگئیں نسیم کی رنگین نگاریاں

مرحبا حسرت نباہا خوب انداز نسیم
لطف ہر ہر شعر میں ہے بندش استاد کا

کلیات حسرت میں مومن اور نسیم کی تعریف میں متعدد اشعار ملتے ہیں ان دونوں شاعروں کے محاسن شعری کو حسرت نے اپنے مضامین میں بھی سراہا ہے۔ مومن کے اندازِ بیان نے انہیں اپنا گرویدہ بنالیا تھا۔ مومن کے کلام کی دل فریبی اور خیال رنگینی بیان کا حسرت نے کئی جگہ ذکر کیا ہے اور لکھا ہے کہ نسیم نے یہ خوبیاں اپنے استاد مومن سے حاصل کیں۔ یہاں یہ غلط فہمی نہ ہونی چاہیے کہ حسرت نے اپنی غزل میں مومن اور نسیم کی پیروی

کی اور اپنی شاعری کو ان دونوں ماہرین فن کی غزل کی کاربن کاپی بنا دیا۔ حسرت نے اردو، فارسی اساتذہ فن کے کلام کا بڑی گہری نظر سے مطالعہ کیا تھا اور ان کی خوبیوں کو اپنی طبیعت میں رچا بسا لیا تھا۔ لیکن اس طرح کی ان اساتذہ کے اثرات گھل مل کر ایک نئے انداز میں حسرت کی غزل میں نمایاں ہوئے۔

حسرت موہانی حسن پرست تھے اور نوعمری سے عاشق مزاج واقع ہوئے تھے۔ شاعری پر بحث کرتے ہوئے انہوں نے لکھا ہے کہ شاعری میں کامیاب مصوری ضروری ہے۔ اور مصوری اسی وقت کامیاب ہو سکتی ہے جب اس میں جذبات انسانی کی ہو بہو تصویر اتاری گئی ہو۔ عشق انسانی خدمات میں سب سے قوی جذبہ ہے۔ جنسی جذبات کی پیش کش بھی شاعری کا ایک لازمی حصہ ہے اور اسے عیب قرار دینا ناانصافی ہے۔ سیدھے سچے اور بے ریا عشق کا یہ جذبہ سیدھے سادھے لفظوں میں اظہار چاہتا تھا اور شعروں کا روپ اختیار کرنے کے لیے حسرت کے دل میں بے تاب تھا۔ اس کی پیش کش کے لیے شاعر نے مومن کے پیرائے کو مناسب ترین جانا اور اپنا لیا۔

حسرت کا عشق تصنع سے عاری ہے۔ یہ اس کی سادگی اور معصومیت ہی تو ہے کہ وہ پردوں میں مستور رہنا نہیں چاہتا اور اپنے خلوص سے حسن کو گرویدہ بنا لینا چاہتا ہے۔ صنف نازک اپنی ساری خوبیوں اور خامیوں کے ساتھ کلام حسرت کی محبوبہ ہے۔ یہ محبوبہ بے وفا اور ہرجائی نہیں۔ صبر آزمائی حسینوں کا شیوہ ہے سو وہ اس کا بھی ہے لیکن اس میں شرم وحیا بھی ہے مگر اپنا سب کچھ اپنا عاشق صادق کو سونپ دینے کا حوصلہ بھی۔

کلام حسرت کا مطالعہ کیجئے تو عشق ومحبت کی ساری واردات اپنی تمام دلکشی کے ساتھ اس میں سمٹ آئی ہیں۔ مومن کی طرح حسرت بھی فکر وفلسفہ کے خارزار میں نہیں الجھتے، اپنے آرٹ کی پیش کش کے لیے زندگی کے ایک پہلو، سب سے جاندار پہلو اور صرف

ایک جذبے مگر سب سے قوی جذبے یعنی عشق کا انتخاب کر لیتے ہیں اور پھر اسے ہر زاویے سے پیش کرتے ہیں۔ اس کے سارے امکانات کو بروئے کار لاتے ہیں۔ اس کی تمام کیفیتوں اور اسے تمام نشیب وفراز کی تصور کشی کرتے ہیں اور بالکل تقاضائے فطرت کے مطابق اس میں تھوڑی ہوسنا کی شامل ہوتی ہے جس پر وہ شرماتے نہیں۔ اسے وہ فطرت انسانی کا لازمی تقاضا خیال کرتے ہیں۔ فحاشی اور عریانی سے وہ بہر حال اپنا دامن بچائے رکھتے ہیں اکثر موقعوں پر وہ جرأت کے کافی نزدیک پہنچ جاتے ہیں مگر ان کا تنقیدی شعور اور سنجیدہ مزاجی کام آتی ہے اور وہ خیریت کے ساتھ اپنی اصل قلمرو میں لوٹ آتے ہیں۔

حسرت کی عشقیہ شاعری کا ذکر اس غزل کے بغیر نامکمل ہے جو ایک طرح سے نظم کے دائرے میں داخل ہو جاتی ہے یعنی وہ غزل ''چپکے چپکے رات دن آنسو بہانا یاد ہے'' غزل طویل ہے اس کے دو ایک شعر یہاں پیش کیے جاتے ہیں۔

شوق میں مہدی کے وہ بے دست وپا ہونا تیرا
اور میرا وہ چھیڑنا وہ گدگدانا یاد ہے

چوری چوری ہم سے تم ملتے تھے آ کر جس جگہ
مدتیں گذریں پر ابتک وہ ٹھکانا یاد ہے

تجھ کو جب تنہا کبھی پایا تو از راہ لحاظ
حال دل باتوں ہی باتوں میں سنانا یاد ہے

اور چند اشعار:

وصل کی رات چلی ایک نہ شوخی ان کی
کچھ نہ بن آئی تو چپکے سے کہا مان گئے

آئینے میں وہ دیکھ رہے تھے بہار حسن
آیا میرا خیال تو شرما کے رہ گئے

لاکھوں ہیں تری دید کے مشتاق مگر ہم
محروم تجھے دل سے بھلانے میں لگے ہیں

ایک ہی بار ہوئیں وجہ ستمگاری دل
التفات ان کی نگاہوں نے دوبارہ نہ کیا

ہم سے ہر چند وہ ظاہر میں خفا ہیں لیکن
کوششِ پرسش حالات چلی جاتی ہے

نہیں آتی تو یاد ان کی مہینوں تک نہیں آتی
مگر جب یاد آتے ہیں تو اکثر یاد آتے ہیں

پڑھ کے خط تیرا میرے دل کی عجب حالت ہوئی
اضطراب شوق نے ایک حشر برپا کردیا

حسرت کی عشقیہ شاعری کے سلسلے میں ان غزلوں کا مطالعہ بھی ضروری ہے۔

توڑ کر عہد کرم ناآشنا ہوجایئے
بندہ پرور جایئے اچھا خفا ہوجائے

دل اور تہیہ ترک خیال یاد کرکے
کسے یقین ہو کون اس کا اعتبار کرکے

بھلاتا لاکھ ہوں لیکن برابر یاد آتے ہیں
الٰہی ترک الفت پر وہ کیوں کر یاد آتے ہیں

نگاہِ ناز جسے آشنائے راز کرے
وہ اپنی خوبی قسمت پہ کیوں نہ ناز کرے

روشن جمالِ یار سے ہے انجمن تمام
دہکا ہوا اپنے آتش گل سے چمن تمام

حسرت کی زبان کے بارے میں یہاں کچھ کہنا ضروری ہے اس مختصر سے مضمون میں یہ بات کئی بار دہرائی گئی ہے کہ حسرت حسن پرست تھے اچھی صورت ہی انہیں اپنی طرف متوجہ نہیں کرتی تھی شیریں الفاظ، دلکش تراکیب اور مترنم جروں کو بھی وہ ایک عاشق کی نظر سے دیکھتے تھے اور انہیں اپنا لینے کی کوشش کرتے تھے۔ مومن ونسیم کے وہ گرویدہ تھے تو اس لئے کہ انکی شیریں کلامی اور رنگیں بیانی بہت بھاتی تھی حسرت لکھنوی شاعری سے اپنا رشتہ جوڑنے کو کسر شان اور کم ہمتی خیال کرتے تھے۔ فرماتے ہیں کہ: کیوں سلسلہ ملائیں کسی لکھنؤ سے ہم، لیکن غالب کی طرح یہ احساس انہیں بھی تھا کہ لکھنؤ کی زبان میں زیادہ دلکشی ورعنائی ہے اس لئے انہوں نے زبان وبیان کے معاملے میں شعرائے لکھنو سے بھی فیض اٹھایا اور دہلی ولکھنو کی زبان کو اپنے کلام میں شیر وشکر کر دیا۔

ہے زبانِ لکھنؤ میں رنگِ دہلی کی نمود
تجھ سے حسرت نام روشن شاعری کا ہوگیا

اسی لئے حضرت اثر نے فرمایا کہ ''حسرت کی شاعری میں لکھنؤ کی زبان اور متقدمین ومتوسطین شعرائے دہلی کے تخیل کا بہترین امتزاج ہے''۔

حضرت مجنون گورکھپوری کے ایک مختصر اقتباس پر ہم اس مضمون کو ختم کرتے ہیں:

''بیسویں صدی کے شروع ہوتے ہی اردو شاعری میں ایک اور نیا رجحان پیدا

ہو گیا۔ آزاد خیال اور تربیت یافتہ نوجوانوں کی ایک جماعت یہ دیکھ کر کہ غزل کی ناؤ اب ڈوبا چاہتی ہے اس فکر میں ہوئی کہ اس کو بچا کر نئے اور صاف ستھرے دھارے پر لگا دیا جائے تاکہ وہ سلامتی کے کنارے پر پہونچ کر اپنی بقا اور ترقی کے لئے سامان مہیا کر سکے اس جماعت کے امام حسرت موہانی تھے جنہوں نے مری ہوئی غزل کو نہ صرف از سرِ نو زندہ کیا بلکہ اس کو نیا وقار اور نئی حیثیت دی"۔

فراق گورکھپوری (رگھوپتی سہائے) (Firaq Gorakhpuri)

فراق گورکھپوری اردو غزل کی دنیا میں ایک نئی آواز، ایک منفرد لب ولہجہ اور اچھوتے شعری تجربات کے ساتھ داخل ہوئے۔ ان کے اشعار نے قارئین کو صرف چونکایا ہی نہیں بلکہ اکثر مایوس بھی کیا۔ ناقدین غزل کا ایک حلقہ یقین رکھتا تھا کہ یہ آواز غزل کے مزاج سے میل نہیں کھاتی۔ اس لیے جلد مر جائے گی۔

لیکن سچی شاعری دھیرے دھیرے دلوں میں گھر کر لیتی ہے اور اپنی جگہ آپ بنا لیتی ہے فراق کی غزل نے ایک چھوٹے سے حلقے کو اپنی طرف متوجہ کر لیا اور یہ حلقہ بتدریج بڑھتا اور پھیلتا گیا یہاں تک کہ یہ آواز اردو غزل کی دنیا پر چھا گئی۔ آخر ایک دن ایسا آیا جب یہ کہا جانے لگا کہ یہ دور فراق کا دور ہے۔ محمد حسن عسکری نے یہ اعتراف کیا کہ "دس سال کے عرصے میں فراق کی شاعری اور تنقید نے اردو پڑھنے والوں کے ذوق بلکہ طرز احساس کو بدل کے رکھ دیا ہے۔ پچھلے تین چار سال میں جو اردو غزل کا احیا ہوا وہ بیشتر فراق کا مرہون منت ہے۔ فراق کی شاعری نے اردو میں ایک ادارے کی حیثیت اختیار کر لی ہے۔ شاعر تو شاعر عام پڑھنے والوں کے شعور میں فراق کی شاعری رچتی جلی جا رہی ہے"۔

غزل میں فراق کا اصل کارنامہ یہ ہے کہ انہوں نے اساتذۂ فن کی پیروی نہیں کی

بلکہ غزل کے پرانے سانچے کو چکنا چور کر دیا ہے۔ معمولی اور غیر معمولی فنکار میں یہی فرق ہوتا ہے کہ معمولی فنکار روش عام پر چلنے ہی کو بڑی بات سمجھتا ہے جب کہ غیر معمولی فن کار اسے کسر شان سمجھتا ہے اور اپنا راستہ آپ نکالتا ہے۔

فراق ایک بھرپور شخصیت کے مالک تھے۔ وہ ایک شاعر کے بیٹے تھے اور شعری ماحول میں ان کی پرورش ہوئی تھی اردو و فارسی کی تعلیم سے بہرہ ور تھے۔ جواہر لال نہرو کے اصرار پر قومی تحریک میں حصہ لے چکے تھے اور اس سلسلے میں ایک سال کی قید بھی کاٹی تھی۔ انگریزی میں ایم۔اے۔ کرنے کے بعد انہوں نے انگریزی ادب کی تدریس کو مستقل پیشے کے طور پر اختیار کیا تھا اور مغربی ادب کے چشموں سے سیراب ہوئے تھے، ہندو دیو مالا ان کے خون میں رچی بسی تھی، ہندو فلسفہ حیات سے گہری واقفیت رکھتے تھے۔ ہندی اور سنسکرت ادب کا توجہ سے مطالعہ کیا تھا۔ جب ان کی تخلیقی شخصیت پیدا ہوئی تو کوئی مروجہ سانچہ ایسا نہ تھا جو اسے اپنی ذات میں سمیٹ لینے کی صلاحیت رکھتا ہو۔

اردو غزل جو فارسی شاعری اور ایرانی تمدن کی پروردہ تھی۔ فراق کی تخلیق کا ساتھ نہیں دے سکتی تھی۔ چنانچہ فراق کی تخلیق ایسی زبان اور ایسے لہجے کی تلاش میں سرگرداں رہی جو اسے سہارا دے سکے۔ اس تلاش میں فراق نے دور دراز کا سفر کیا، کبھی وہ مصحفی، ذوق، ناسخ اور داغ تک پہنچے۔ کبھی دیر تک کلام میر کا لطف لیتے رہے۔ یہ تلاش اردو شاعری تک محدود نہ رہی۔ کالی داس، ٹیگور، سورداس، بہاری اور کبیر بھی ان کی توجہ کا مرکز رہے اور شیلے، کیٹس اور ورڈز ورتھ بھی۔

اتنے مختلف النوع اثرات سے جو لہجہ وجود میں آیا وہ اردو غزل کے لیے اجنبی اور اکھڑا اکھڑا تھا اور اس کی موسیقی عجب کھردری سی تھی۔ اسے دیکھ کر اہل نظر نے فتویٰ صادر کر دیا کہ اردو کے ایوان غزل میں اسے جگہ نہیں دی جا سکتی۔ مگر فراق نے ہمت نہیں ہاری۔

دوغزلے، سہ غزلے اور چہار غزلے کہتے رہے۔ لگاتار لکھنے سے کچھ تو لہجہ نکھرا، کچھ یہ بھی ہوا کہ قارئین اس لہجے کے عادی ہوتے گئے۔ بات بننے لگی اور غزل کی دنیا میں فراق کا سکہ چلنے لگا۔ اس منزل تک پہنچنے کے لیے فراق کو بہت محنت کرنی پڑی۔ انہوں نے سچ کہا ہے:

میں نے اس آواز کو مر مر کے پالا ہے فراقؔ

فراق کی غزل پر آگے گفتگو کرنے سے پہلے آیئے ان کے کچھ شعر دیکھیں اور ان کی روشنی میں فراق کی غزل کے محاسن و مصائب کا جائزہ لیں۔

اے فراق آفاق ہے کوئی طلسم اندر طلسم
ہے ہر اک خواب اک حقیقت، ہر حقیقت اک خواب

جینا جو آگیا تو ازل بھی حیات ہے
اور یوں تو عمر خضر بھی کیا بے ثبات ہے

پہروں پہروں تک یہ دنیا بھولا سپنا بن جائے ہے
میں تو سراسر کھو جاؤں ہوں، یا داتا کیوں آؤ ہو

در بارِ عشق میں تھے ہزاروں امیدوار
کچھ عرفیاں قضا نے بھی اگر گزاریاں

اے قلبِ سرنگوں! کبھی ہنس بول بھی ذرا
خوشیاں ہزار مُحانی ترے در پر واریاں

رات چلی ہے جوگن بن کر بال سنوارے لٹ جھٹکائے
چھپے فراق گگن پر تارے، دیپ بجھے ہم سو جائیں

کس لیے کم نہیں ہے درد فراقؔ!
اب تو وہ دھیان سے اتر بھی گئے

اس نے تو پرسش حالات سے منہ پھیر لیا
دل غمگین کے یہ انداز خدا خیر کرے

کوئی سمجھے تو ایک بات کہوں
عشق توفیق ہے گناہ نہیں

کچھ ایسے بھی اٹھ جائیں گے اس بزم سے جن کو
تم ڈھونڈنے نکلو گے مگر پا نہ سکو گے

تو ایک تھا میرے اشعار میں ہزار ہوا
اس اک چراغ سے کتنے چراغ جل اٹھے

یوں سمجھ بیٹھے تھے گویا بھول بیٹھے ہیں تجھے
رات تیری یاد سے دل میں وہ درد اٹھا کہ بس!

ہم سے کیا ہوسکا محبت میں
تم نے تو خیر بے وفائی کی

دلوں کو تیرے تبسم کی یاد یوں آئی
کہ جگمگا اٹھیں جس طرح مندروں کے چراغ

وہ تمام روئے نگار ہے وہ تمام بوس وکنار ہے
وہ ہے چہرہ چہرہ جو دیکھیے وہ جو چومیے تو دہن دہن

اشعار میں ہیں عارض وکاکل کے وہ جلوے
ہاں دیکھ کبھی تو میری غزلوں کی شبِ ماہ

طبیعت اپنی گھبراتی ہے جب سنسان راتوں میں
تو ایسے میں تری یادوں کی چادر تان لیتے ہیں

فراؔق کی غزل اور اس کی خصوصیات کو سمجھنے کے لئے ہمیں بہت سے اشعار پیش کرنے پڑے۔ فراؔق کا کلام اتنا زیادہ ہے کہ اس کام مطالعہ کرنا اور ان کے کلام کی خوبیوں اور خامیوں کو سمجھنا ایک دشوار کام ہے۔ وہ ایک زود گو اور پر گو شاعر ہیں۔ فراق مصحفی کے گرویدہ رہے ہیں۔ جلد شعر کہنے کہ اور زیادہ شعر کہنے کی تحریک ممکن ہے کہ انہوں نے مصحفی سے ہی پائی ہو۔ ایسے شاعر کے ساتھ ایک دشواری یہ ہوتی ہے کہ ایک بار شعر کہ دینے کے بعد مڑ کر اس کی طرف دیکھنے اور نوک پلک سنوارنے کی اسے مہلت ہی نہیں ملتی۔ اس سے شاعری کو نقصان پہنچتا ہے۔ یہی فراق کے ساتھ ہوا۔ اشعار کے انبار میں سے ان کے اصل مزاج کے شعر ڈھونڈ نکالنا بہت دشوار ہے بہر حال ایک ایسا مختصر انتخاب یہاں پیش کرنے کی کوشش کی گئی ہے جس سے فراق کو سمجھنے میں مدد مل سکے۔

فراق کی نکتہ رس طبیعت، ان کے ذہن کی براقی، ان کا وسیع تجربہ، مطالعہ اور مشاہدہ وہ خصوصیات ہیں جنہوں نے فراق کی غزل کو زریں اور بیش قیمت شعری تجربات سے مالا مال کر دیا ہے۔ اپنے عہد کی پیچیدہ زندگی کے مسائل کو فراق نے اپنی گرفت میں لے لیا ہے، اپنے احساس کا جز بنایا ہے اور اشعار کے قالب میں ڈھال دیا ہے۔ دوسری اہم بات یہ کہ فراق کی غزل اپنے ساتھ اپنی زبان بھی لائی ہے۔ ان کی غزل کا لب ولہجہ سکون، نرمی اور ٹھنڈک سے صاف پہچان لیا جاتا ہے۔ وہ اپنے اچھوتے تجربات کے لئے کبھی کبھی میر کی زبان (گزاریاں، واریاں، جا گو ہو، بھا گو ہو) بھی استعمال کرتے ہیں۔ ہندو دیو مالا سے انہوں نے اپنی غزل کو ایک خاص دلکشی بخشی ہے۔ اسی سلسلے میں وہ ہندی کے نرم اور شیریں الفاظ بھی بڑے سلیقے سے استعمال کرتے ہیں۔

فراق کی غزل کا محبوب عورت ہے اور اس کے جسم کے پیچ وخم کو وہ بہت لطف لے لے کر بیان کرتے ہیں۔ ان کا تصور عشق بھی روش عام سے ذرا ہٹا ہوا ہے۔ غزلِ فراق کا عاشق بہت تیکھے مزاج کا واقع ہوا ہے۔ محبوب کو اس کا احساس ہے۔ اس لیے وہ اپنے قدر دان کی ناز برداری کرنے سے نہیں چوکتا۔ فراق کو اپنی عشقیہ شاعری پر ہی نہیں بلکہ پوری شاعری پر فخر ہے اور یہ کچھ بے جا بھی نہیں۔ بڑا شاعر اپنی بلند رتبے سے بے خبر نہیں ہوتا۔ فراق فرماتے ہیں۔

کہتے ہیں میری موت پر اس کو بھی چھین ہی لیا
عشق کو مدتوں کے بعد ایک ملا تھا ترجماں

ختم ہے مجموعہ پہ غزل گوئی عہد حاضر
دینے والے نے وہ انداز سخن مجھ کو دیا

ہر عقدہ تقدیر جہاں کھول رہی ہے
ہاں دھیان سے سننا یہ صدی بول رہی ہے

بے شک فراق کی آواز انیسویں صدی کی ایک نا قابلِ فراموش آواز ہے۔

زبان کیا ہے؟

(What is Language)

زبان ایک آلۂ نطق ہے۔ اس نطق کی صلاحیت کی وجہ سے انسان حیوانِ ناطق کہلاتا ہے۔ مگر یہی وہ نطق ہے جس کے ذریعہ وہ دوسرے جانوروں سے ممیّز اور ممتاز ہے۔ اس کے ذریعہ انسان اپنے خیالات، جذبات واحساسات کی ترسیل کرتا ہے۔ گویا زبان ابلاغ اور ترسیل خیالات کا زبردست وسیلہ ہے۔ پورے نظام تعلیم میں زبان کو مرکزیت حاصل ہے۔ ظاہر ہے انسان زبان ہی کے ذریعہ سوچتا اور فکر کرتا ہے اور اس کی ساری ذہنی وفکری قوتیں نشو ونما پاتی ہیں۔ اسی کے ذریعہ فرد کی ذہنی تربیت ہوتی ہے، اس کے شعور میں نکھار آتا ہے اور ارتقائی منزلیں طے کرتا ہے، اور اسی کے ذریعہ انسان کی اجتماعی زندگی میں ٹھہراؤ، ضبط اور بالیدگی حاصل ہوتی ہے۔ یہی وہ آلہ ہے جس کے ذریعہ انسان اظہار ذات کرتا ہے اور سماج کی تشکیل وتعمیر ہوتی ہے۔ یعنی زبان کے ذریعہ سارے انسانی تجربات محفوظ رکھے جاتے ہیں اور انہیں آگے کی نسلوں تک منتقل کیا جاتا ہے۔ یہ سلسلہ مزید چلتا رہتا ہے جس سے سماج قائم ودائم رہتا ہے۔ گویا کہا جاسکتا ہے کہ زبان کلی طور پر سماجی ہے۔ اسے سماج سے الگ رکھ کر نہیں دیکھا جاسکتا، نہ اس کے بغیر کسی سماج کا تصور کیا جاسکتا ہے۔ یہ کسی سماج ہی میں پیدا ہوسکتی ہے، پنپ سکتی ہے اور پروان چڑھ سکتی ہے۔ اسی میں رہ کر دوسری

زبانوں سے لین دین اور اخذ وقبول کا سلسلہ بھی جاری رہتا ہے اور اسی میں سماجی، سیاسی، اور معاشی تبدیلیوں کے ساتھ خود بھی تبدیل ہوتی رہتی ہے اور سب سے بڑھ کر یہ کہ زبان ہی کے توسط سے سماج کی ترقی اور اس کی نشو ونما ہوتی ہے، اسے انضباط واستحکام ملتا ہے اور اس کی تہذیب وتمدن کے چراغ روشن رہتے ہیں۔

زبان کوئی جامد شے نہیں ہے بلکہ ارتقا پذیر ہے۔ یہ کسی تالاب کا ٹھہرا ہوا یخ بستہ پانی نہیں ہے بلکہ یہ کسی اچھلتی مچلتی ندی کے چمکتے ہوئے پانی کی طرح ہر دم رواں دواں، متحرک اور زندہ ہے۔ اس کے ذریعہ افراد اور قوموں کے درمیان تعلقات استوار ہوتے اور معاشرے سے رشتہ مستحکم ہوتا ہے۔ سچ تو یہ ہے کہ زبان تہذیب کا لازوال سرچشمہ ہے۔ اس کے بغیر تہذیب اندھی، گونگی ہو کے رہ جاتی ہے۔ زبان سے رشتہ بہت حد تک جذباتی بھی ہوتا ہے۔ عربوں کو اپنی زبان پر اس حد تک ناز ہے کہ بقیہ دوسری زبانیں ان کے لئے گونگوں کی زبانیں ہیں۔ اس لیے ان کے نزدیک عرب کے سوا دنیا کے دوسرے حصے عجم ہیں۔ ۲۰ ویں صدی کے اوائل میں روس مادی ترقی میں بہت آگے نکل گیا تھا لیکن زبان وادب کی دنیا میں خاطر خواہ ترقی نہیں کرسکا تھا۔ چنانچہ اس کی بے زبانی کا پورا یورپ مذاق اڑاتا رہتا۔ لیکن لیوٹالسٹائے (Leo Tolstoy) نے مشہور زمانہ ناول ''War and Peace'' لکھ کر ادب میں اپنا مقام حاصل کر لیا تو انگریزی کے مشور مؤرخ اور ناول نگار H.G. Wells نے خوش ہو کر کہا: ''آج روس بول رہا ہے''۔

زبان سے لوگوں کا رشتہ اس قدر گہرا اور شدید ہوتا ہے کہ اس کے آگے قوم ونسل اور خون کا رشتہ بھی ماند پڑ جاتا ہے۔ اس کی خاطر اکثر لوگ اپنی جانوں کی بازی لگا دیتے ہیں۔ زبان کا مرتبہ اس قدر بلند ہوتا ہے کہ یہ ملکوں اور قوموں کی شناخت بن جاتی ہے۔ مثال کے طور پر زبان وادب ہی کی بدولت گوئٹے جرمنی، شیکسپیئر انگلینڈ، سارتر فرانس، غالب، ہندستان اور اقبال پاکستان کی شناخت بن گئے ہیں۔

نصاب میں اردو کا مقام اور اہمیت

(The Place and Importance of Urdu in Syllabus)

یہ بہت بڑی بدبختی اور ستم ظریفی ہے کہ اردو کو ہنوز وہ مقام نہیں حاصل ہو سکا جو اس کا حق تھا۔ یہ زبان سیاست کے گندے کھیلوں اور سیاسی کھلاڑیوں کی مکر چالوں کی بھینٹ چڑھ گئی۔ اس سے بڑھ کر دکھ کی بات اور کیا ہو سکتی ہے کہ وہ زبان جو بدیسی سامراجی طاقتوں کیلیے بغاوت کا شرارہ بن کر ابھری، جس کی آواز تمام فرقوں کی بولی، سمجھی اور پسند کی جانے والی زبان ہے، اسے کسی مخصوص مذہبی فرقے سے منسوب کر دیا گیا ہے۔

بلا شبہ اردو ایک انتہائی شیریں اور مترنم زبان ہے۔ اس زبان میں جو غنائیت اور موسیقی ہے وہ شاید ہی کسی دوسری زبان کو نصیب ہو۔ اس کی نثر ہو یا اشعار ہوں، اس میں جو گھلاوٹ، درد اور سوز و گداز ہے اور ساتھ ہی جو شوکت و حوصلہ مندی اور جوش و طرب نا کی ہے، مختصر یہ کہ اس کا جو دلکش آہنگ اور انوکھی ادا ہے وہ منفرد اور یکتائے روزگار ہے۔

اردو زبان کی سب سے بڑی خوبی یہ ہے کہ اس نے ملک کے گوشے گوشے میں لوگوں کو ایک لڑی میں پرو دیا ہے۔ گویا یہ مختلف قوموں اور فرقوں کے درمیان ایک

خوبصورت رابطے کا کام کرتی ہے۔اس میں کوئی شک نہیں کہ اردو قومی اتحاد و وحدت کا ایک دلکش نمونہ ہے۔ آج جب کہ عالمگیریت (Globalisation) کا دور ہے، آج دنیا کے سارے خطوں میں اردو زبان کی بے پناہ قدر اور پذیرائی ہورہی ہے۔اس کے ذریعہ لوگوں میں جذباتی ہم آہنگی، محبت اور بھائی چارے کے جذبوں کو فروغ ہورہا ہے اور سیکولر طاقتوں کو ایک نئی قوت اور توانائی حاصل ہورہی ہے۔

اس کے سوا اردو زبان و ادب سے ایک طرف ہماری تہذب وتمدن کو جلا ملتی ہے تو دوسری جانب یہ شرافت،متانت، بردباری، شائستگی، شستگی اور زندگی کی ساری اعلیٰ قدروں کی ضامن ہے۔حیات انسانی میں وہ تمام صفاتِ حمیدہ جن سے ہماری تہذیب عبارت ہے اردو کے گلرنگ دامن میں جلوہ فگن ہیں۔ یہ ہمارے بزرگوں کی صدیوں کی کاوشوں کا اندوختہ ہے اور ہمارا عظیم ترین اثاثہ۔شاید یہی وجہ ہے کہ اردو کے صاحب طرز ادیب پروفیسر رشید احمد صدیقی کہتے ہیں کہ خواہ اردو کی ساری دنیا مخالفت کرے، زمین بھی مخالف ہوجائے اور آسمان بھی، مگر اردو کی تائید کی جائے گی۔

اردو املا: رشید حسن خاں

(Urdu Orthography: Rasheed Hasan Khan)

زندہ زبان کوئی جامد شے نہیں ہوتی۔ یہ نمو پذیر اور مائل بہ ارتقا ہوتی ہے۔ کسی زبان کی تعمیر و تشکیل دو چار یا دس بیس سالوں میں نہیں ہوتی سب سے پہلے زبان کا ایک غیر متعین ہیولا بنتا ہے۔ کچھ بنیادی الفاظ و کلمات اور نحوی وصرفی اجزا ترتیب و تشکیل پاتے ہیں، پھر الفاظ کے ذخیرے ہیں بتدریج اضافہ ہوتا ہے۔ جملوں کی نئی ساختیں اور اظہار کے گونا گوں اسالیب اور پیرایے بنتے ہیں۔ محاورے، قواعد کے اصول، لفظوں کا تلفظ، ان کا محل استعمال سب رفتہ رفتہ رائج و مسلم ہوتے جاتے ہیں۔ پھر ایک منزل وہ آتی ہے جب بڑی حد تک زبان کے اصول و قاعدے منضبط اور متعین ہو جاتے ہیں۔ یہی حال املا کا بھی ہے۔

اردو املا مسلسل ارتقا اور اصلاح کے عمل سے گزر کر موجودہ حالت وصورت کو پہنچا ہے۔ پرانی کتابوں میں گھر، بھی وغیرہ لفظوں کا املا گہر بہی دیکھنے کو ملتا ہے۔ ایک ہی لفظ کو ایک سے زیادہ صورتوں میں لکھنے کا رواج تھا مثلاً گزرنا، گذرنا، پانوں، پانو اور مثلاً لفظ منہ کو کئی صورتوں میں لکھا جاتا تھا بلکہ آج بھی لکھا جاتا ہے مثلاً مونھ، منھ، منہہ، مونہہ، منہہ، وغیرہ اس طرح بے شمار لفظوں کے سلسلے میں انتشار تھا۔ ایک فطری ارتقا کے نتیجے میں کچھ

اصول اور کنونشن ضرور سامنے آ گئے تھے جن کی وجہ سے بہت سارے الفاظ کی صورتیں متعین ہو گئیں تھی۔ لیکن بہت سے لفظوں کے معاملے میں کوئی قاعدہ مقرر نہ ہو سکا تھا۔ اردو زبان کے بعض محسنوں نے املا کے مسئلے پر خاص توجہ کی اور اس کی اصلاح کی ضرورت محسوس کرائی۔ ان بزرگوں میں سب سے پہلے مولانا احسن مارہروی مرحوم اپنے رسالہ ''فصیح الملک'' میں ۱۹۰۵ء میں کچھ اہم تجاویز پیش کی تھیں۔ ان کے بعد ڈاکٹر عبد الستار صدیقی مرحوم نے اس پر ایک مستقل موضوع کی حیثیت سے کام کیا اور اپنے مضامین کے ذریعے املائی انتشار کو ختم کرنے کی تجاویز پیش کیں اور اردو ادیبوں کی توجہ اس طرف مبذول کرائی۔ انجمن ترقی اردو نے ۱۹۴۴ء میں اصلاح املا سے متعلق اپنی تجاویز رسالہ اردو میں شائع کی۔

اصلاح املا کی ان کوششوں سے یہ فائدہ تو ضرور ہوا کہ کچھ لفظوں کے معاملے میں انتشار کم ہوا اور صحت کے ساتھ لکھنے والوں کیلئے کچھ اصول سامنے آ گئے تاہم بڑے پیمانے پر کوئی منضبط اور مرتب اصول نہ ہونے کے سبب انتشار باقی تھا اور بہت سے لفظوں کو کئی کئی طرح لکھا جاتا تھا۔ ایسے وقت میں رشید حسن خاں نے املا کو اپنے مطالعے اور تحقیق کا خاص موضوع بنایا اور انہوں نے پچھلی تمام تجاویز کو سامنے رکھ کر موجودہ انتشار اور عدم تعین کو دور کرنے کے لئے اصول متعین کیے۔ انہوں نے پہلی بار بڑے پیمانے پر ہمارے ادبی علمی سرمایے کا جائزہ لے کر یہ بتایا کہ املا کے معاملے میں انتشار و اختلاف کی نوعیت کیا ہے، اور اس صورت حال سے طلبہ اور عام لکھنے والوں کو کیسی الجھنوں اور دشواریوں کا سامنا کرنا پڑتا ہے۔ اپنی گراں قدر اور جامع کتاب ''اردو املا'' کے تقریباً سات سو صفحات پر انہوں نے اس مسئلے کا تحقیقی و تنقیدی جائزہ لیا ہے اور حتمی اور قابل عمل اصول متعین کرنے کی سعی کی ہے۔ انہوں نے پوری کتاب نہایت عالمانہ سنجیدگی، تحقیقی انداز اور مخلصانہ نیت سے لکھا ہے۔ کتاب کی ابتدا ہی میں انہوں نے واضح لفظوں میں یہ بات لکھی ہے کہ اردو کے رسم خط کو

نہیں بدلا جاسکتا اور دوسری بات یہ ہے کہ اردو کے املا میں کسی بھی نوع کی انقلابی تبدیلی کی گنجائش نہیں۔ان کے الفاظ یہ ہیں:

''املا کی صحت اور اصلاح بہت ضروری ہے، اس سے شاید ہی کوئی انکار کر سکے۔ اس بات کو تسلیم کیا جائے گا کہ املا کے قواعد منضبط کرنے کی سخت ضرورت ہے۔اسی کے ساتھ ساتھ اس بات کو بھی مان لینا چاہیے کہ املا میں کسی بھی قسم کی انقلابی تبدیلیوں کی گنجائش نہیں اور اس کا واضح طور پر اعلان ہونا چاہیے''۔ (اردو املا، ص ۲۷)

انہوں نے اس کتاب میں جو کام کیا ہے وہ خود ان کے الفاظ میں یہ ہے:

''میں نے یہ کوشش کی ہے کہ جہاں تک نظر اور معلومات ساتھ دے املا کے مسائل کا احاطہ کیا جائے اور الجھے ہوئے مسائل کو ان کے مال پر نہ چھوڑ دیا جائے۔ غلطیوں کی تصحیح کی جائے اصلاحات کو صحیح طور پر شامل کیا جائے، عدم تعین کے پھیلائے ہوئے انتشار اور دورنگی کو ختم کیا جائے اس طرح کہ ایسے الفاظ کے املا کی معیار بندی کی جائے اور مرجح صورتوں کا تعین کیا جائے اس بات کو بطور خاص ملحوظ رکھا گیا ہے کہ کسی قسم کی جدت طرازی کو دخل نہ دیا جائے''۔ (اردو املا، ص ۳۸)

رشید حسن خاں نے اپنے معاصرین کی تحریروں اور مضامین کو بھی پیش نظر رکھا اور اس بات کا اعتراف انہوں نے ''ابتدائیہ'' میں کیا ہے۔انہوں نے املا پر یہ کام بلند بانگ دعووں کے بغیر کیا ہے۔ان کی کوششوں کا بہت اثر ہوا اور ان کے بے شمار مشورے لوگوں نے قبول کیے، ''اردو املا'' کے بعد اس کتاب کا انتخاب مکتبہ جامعہ لمیٹیڈ، دہلی نے ''اردو کیسے لکھیں'' کے نام سے شائع کیا۔ پھر مکتبہ جامعہ لمٹیڈ ہی نے ان کی ایک اور کتاب ''عبارت کیسے لکھیں'' شائع کیا یہ بھی ''اردو املا'' ہی کا انتخاب ہے۔ان کتابوں کی اشاعت کے بعد اردو کے ادیبوں، شاعروں اور صحافیوں کے انداز نگارش پر واضح اثرات مرتب ہوئے ہیں۔

۱۹۷۴ء کے بعد کے ادبی کتابوں اور رسائل کا موازنہ و مقابلہ اس سے قبل کی کتب و رسائل سے کیجئے تو املا کے معاملے میں جو تبدیلیاں رونما ہوئی ہیں، صاف دیکھنے کو ملیں گی۔

دو لفظوں کو ملا کر لکھنے کا رواج پہلے ہی سے کم ہو رہا تھا۔ رشید حسن خاں کی کتاب منظر عام پر آنے کے بعد اس معاملے میں لوگ زیادہ احتیاط برتنے لگے بلکہ یہ کہنا زیادہ صحیح ہوگا کہ لوگ اب زیادہ اعتماد اور اہتمام سے دو لفظوں کو الگ الگ لکھتے ہیں۔ کے لئے، اس لئے، ان کا، رہے گا، رہوں گا، کہیں گے وغیرہ قسم کے الفاظ اب شاید اس طرح چھپے ہوئے نظر نہیں آتے کیلیئے، اسلیئے، انکا، رہیگا، رہونگا، کہینگے وغیرہ۔ مرکب لفظوں کو بھی زیادہ تر الگ الگ لکھنے کا رواج تھا لیکن اس معاملے میں کوئی متعین اصول نہ ہونے کے سبب متصل و منفصل دونوں صورتیں دیکھنے کو ملتی تھیں۔ رشید حسن خاں نے یہ اصول مقرر کر دیا کہ تمام مرکب لفظوں کو منفصل لکھا جائے۔ مثلاً خوب صورت، دل چسپ، دست یاب، دل کش، کم بخت، خوش نویس، مے خانہ، لچک دار، اشک بار وغیرہ۔ اسی طرح انہوں نے لاحقوں اور سابقوں کو بھی منفصل لکھنے کی تجویز رکھی، مثلاً بے تاب، بے رحم، بہ خوبی، بہ خبر، ان دیکھا، بیش تر، نیل گوں، غم ناک وغیرہ اس سلسلے میں بعض الفاظ کو انہوں نے مستثنا قرار دیا، اس لئے کہ انہیں منفصل کرنے سے ان کی صورت بگڑ جائے گی۔ مثلاً بہتر، بغیر، بہم، بعینہٖ، بجز، بجائے، جانور، پاسبان، شبنم، زمیندار اور کرخندار۔ اردو لکھنے والے پہلے ہی سے مذکورہ مرکب الفاظ اور ان جیسے دوسرے لفظوں کو کبھی منفصل (خوب صورت) اور کبھی متصل (خوبصورت) لکھتے تھے۔ رشید حسن خاں نے یہ طے کیا کہ ضابطہ بنایا کہ ایسے تمام مرکب الفاظ یکساں طور پر منفصل لکھے جائیں۔ اس لئے کہ متصل یا ملا کر لکھنے میں قباحت تھی اور پڑھنے میں کبھی الجھن ہوتی تھی۔ مثلاً نیک بخت کو اگر نیکبخت لکھا جائے اور پڑھ رہا ہوں کو پڑھر ہا ہوں، اور اسی طرح بہ نسبت کو بنسبت اور بے نظیر کو بینظیر لکھا جائے تو یقیناً انہیں عام

اردو پڑھنے والے پسند نہیں کریں گے، طلبہ کو بھی مشکل پیش آئے گی اور خواہ مخواہ اٹکاو پیدا ہوگا، لکھنے میں بھی پڑھنے میں بھی۔

اسی طرح رشید حسن خاں نے اپنی کتاب میں یہ اصول مقرر کیا کہ ایسے الفاظ جو اصلاً عربی و فارسی کے نہیں ہیں اور ان کے آخر میں آ کی آواز ہے تو انھیں لازماً الف سے لکھا جائے، ہائے مختفی سے نہیں۔ مثلاً بھروسا، راجا، روپیا، پیسا، میلا، ٹھیلا، پتا، پٹّا، ڈراما وغیرہ ان لفظوں کے آخر میں الف کی جگہ پر ہائے مختفی لکھنے کا کوئی جواز نہیں۔ اس طرح وہ الفاظ جن میں ہائے مخلوط والے مصمتے ہیں انہیں ہائے مخلوط سے لکھا جائے۔ اردو والے اب تک ان لفظوں کو انھوں، انھیں، انھی، تمھارا، تمھیں، تمھی وغیرہ۔ جیسے ''سرھانا'' میں ہائے مخلوط ہے، اسے اگر سادہ (ہ) سے لکھا جائے تو لفظ بگڑ جائے گا: مثلاً میر کے اس شعر میں:

سرھانے میرؔ کے کوئی نہ بولو
ابھی ٹک روتے روتے سو گیا ہے

اگر ''سرہانے'' لکھا جائے مصرع بحر سے خارج ہو جائے گا، اسی طرح انھوں نے یہ اصول بنایا کہ جن لفظوں میں ہائے مخلوط والے مصمتے (بھ، ٹھ، دھ، کھ وغیرہ) نہیں ہیں ان میں سادہ (ہ) لکھی جائے گی، مخلوط (ھ) (دو چشمی ہے) نہیں، مثلاً ہم، ہے، دہلی، بہار، وغیرہ لفظوں کو ھم، ھے، دھلی، بھار وغیرہ لکھنا غلط ہے۔

رشید حسن خاں نے املا کی بحث میں یہ بات بھی اٹھائی ہے کہ اردو تحریر میں اضافت کا زیر لازمی طور پر لگایا جائے اور اس زیر کو املا کا جبر سمجھا جائے۔ تعلیم و تدریس کے مشغلے میں لگے ہوئے لوگ یہ بہ خوبی جانتے ہیں کہ اضافت کے زیر کے بغیر عبارت یا شعر کو صحت کے ساتھ نہیں پڑھا جا سکتا اور جملے کے معنی بھی واضح نہیں ہوتے۔ خصوصاً مشکل عبارتوں اور شعروں میں اضافت کے زیر کی اہمیت بہت بڑھ جاتی ہے۔ اب کسی کو رشید حسن خاں کی

یہ سب مفید باتیں اچھی نہیں لگتی اور وہ اپنی پرانی عادتوں، من مانیوں، اور بے راہ رویوں پر قائم رہنا چاہتا ہے تو وہ اس کے لئے آزاد ہے۔ کٹھ بحثی کرنا الگ بات ہے اور تعمیری اور تحقیقی طور پر علمی مسائل کے سلسلے میں غور وخوض کرنا اور رائے دینا الگ بات ہے۔ اردو میں مسئلہ یہ ہے کہ ہر وہ شخص جو اخبار ورسائل میں مضمون نویسی کرتا ہے، ہر وہ افسانہ نگار جس کے چار، چھے افسانے چھپ چکے ہیں، ہر وہ شاعر جس نے دس، بیس غزلیں لکھی ہیں، بہ زعم خود زبان کا عالم، لسانیات کا ماہر، صوتیات کا رموز داں، تلفظ کا اتھارٹی بن بیٹھا ہے اور اپنے آپ کو ہر قسم کے علمی وادبی مسائل ومباحث پر لب کشائی وخامہ فرسائی کا مجاز سمجھتا ہے اور اپنے دائرہ کار سے باہر نکل کر شعر وادب اور زبان وتہذیب کے بڑے بڑے مسئلوں پر اپنے ذاتی تعصّبات وتاثرات کو اس طور پر پیش کرتا ہے جیسے وہ مسلمہ علمی حقائق ہوں جن تک آں جناب کی رسائی برسوں کی تحقیق وتدقیق کے نتیجے میں ہوئی ہے۔

اسی طرح متعدد عربی وفارسی الفاظ مثلاً: ازدہام، ارزوقہ، آزر، زخارمع، مصرع، آرائیش، گذارش، گذشتہ لکھتے رہے ہیں۔ ان لفظوں کے متعلق رشید حسن خاں نے یہ قاعدہ بنایا کہ انہیں اصل عربی وفارسی کے مطابق لکھا جائے گا۔ رشید حسن خاں نے یہ کبھی نہیں کہا کہ فوراً کو فورن، بالکل کو بلکل، خوش کو خُش، خود کو خد، جعفر کو جافر، بحث کو بحس، حسن کو ہسن اور صاف کو ساف لکھا جائے، انہوں نے املا کے معاملے میں جہاں صوتیاتی صداقتوں (Phonetice Realities) کو سامنے رکھا ہے۔ وہیں علمی سہولتوں اور رواج کو بھی ملحوظ رکھا ہے۔ وہ محض صوتیاتی صداقتوں کو اگر سامنے رکھتے تو بعض دوسرے ماہرین لسانیات کی طرح یہ کہتے کہ ث، س، ص، میں سے صرف س کو باقی رہنے دیا جائے اور ث اور ص کو اردو حروف تہجی سے خارج کر دیا جائے۔ اور اسی طرح ذ، ز، ظ، اور ض ہم آواز حروف ہیں اس لیے ان میں سے صرف ز کو باقی رہنے دیا جائے اور ز، ظ، اور ض کو مرحوم قرار دے دیا جائے

لیکن رشید حسن خاں نے ایسی بے سروپا اور چونکا دینے والی تجاویز پیش ہیں کیں۔ رشید حسن خاں نے اپنی کتاب ''اردو املا'' میں املا سے متعلق اس طرح کے بیسوں مسائل بیان کیے ہیں جن سب کا احاطہ ایک مختصر مضمون میں کرنا مشکل ہے۔ نصابی کتابوں میں صحیح املا کی اہمیت کو بھی اجاگر کیا گیا ہے۔ ان کے الفاظ قابل مطالعہ ہیں:

''اگر ہم چاہتے ہیں کہ طالب علم صحیح املا لکھنا سیکھے، تو یہ لازم ہوگا کہ ساری نصابی کتابوں میں، ایک لفظ کا ایک ہی املا ہو اور یہ املا وہ ہو جس کو طبعی طور پر صحیح املا کہا جا سکے۔ یہ نہ ہو کہ ایک کتاب میں ''گانو چھپا ہوا ہو اور دوسری کتاب میں ''گاؤں'' لکھا ہوا ہو۔ یا ایک صفحے پر ''لیے'' اور نظر آئے اور دوسرے صفحے پر ''لئے'' ہو اور کہیں ''لیے'' بھی لکھا ہوا ہو''۔ (ص، ۱۷)

اسی کتاب میں رشید حسن خاں کے ''تدوین و املا کے عنوان سے ایک الگ باب لکھا ہے جس میں یہ بتایا گیا ہے کہ قدیم مخطوطوں اور پرانی کتابوں کی تدوین کے وقت املا کے معاملے میں کیا رویہ اختیار کرنا چاہیے۔ انھوں نے بے شمار مثالوں سے اس راہ کی دشواریوں اور اس کے نشیب و فراز سے مرتب و مدون کو آگاہ کرنے کی کوشش کی ہے۔ اس سلسلے میں ایک مثال یہ دی ہے کہ اگر کوئی شخص غالبؔ کے دیوان کو مرتب کر رہا ہو تو اسے اس بات کا علم ضرور ہونا چاہیے کہ غالبؔ فارسی میں وجود ذال کے قائل نہیں تھے۔ اس لئے غالبؔ کے کلام میں جہاں بھی فارسی الفاظ رہ گذر، گذشتہ، وغیرہ آئیں گے وہ (ذ) کی بجائے (ز) سے لکھے جائیں گے یعنی برہ گزر، گزشتہ، وغیرہ اور اس بات کی صراحت مرتب یا مدون کو کتاب کے مقدمہ میں کرنا پڑے گی۔ 'تدوین اور املا' والے باب کا مطالعہ ان حضرات کے لیے نہایت مفید اور ضروری ہے جو شعرا کے دواوین اور قدیم کتب کی ترتیب و تدوین کا کام کرتے ہیں۔

املا کی اہمیت لغت میں کیا ہے، اس پر 'لغت اور املا' کے عنوان سے روشنی ڈالی گئی

ہے،لغت میں الفاظ کو حروف تہجی کی ترتیب سے درج کیا جاتا ہے، اگر لفظوں کا اجزا یا حروف کا صحیح اور قطعی طور پر تعین نہیں کیا جائے گا تو الفاظ کو لغت میں صحیح مقام پر درج نہیں کیا جاسکتا۔ اس بات کو متعدد مثالوں سے واضح کرنے کی کوشش کی گئی ہے۔ یہ باب بھی بے حد مفید ہے اور اس کا مطالعہ ان لوگوں کے لئے ناگزیر ہے جو اب اردو کا نیا لغت مرتب کریں گے یا پرانے لغت کو نئی ترتیب وتصحیح کے ساتھ شائع کرنا چاہتے ہیں۔

رشید حسن خاں کی کتاب ''اردو املا'' املا کے مسائل پر مبسوط و مفصل کتاب ہے۔ اس میں املا کے تقریباً تمام مسائل کا نہایت عالمانہ انداز میں احاطہ کیا گیا ہے۔ یہ بتایا گیا ہے کہ ہندوستان کی کسی جدید زبان میں املا کے موضوع پر ایسی ضخیم اور جامع کتاب نہیں لکھی گئی۔ اس کتاب کے اثرات کا اندازہ اس بات سے لگایا جاسکتا ہے کہ ہندوستان اور پاکستان کے اخبارات وسائل میں اس کتاب کی اشاعت کے بعد املا کے مسئلے پر بے شمار مضامین شائع ہوئے ہیں۔ رشید حسن خاں کی کتاب ''اردو املا'' کو'انجمن ترقی اردو، کراچی'' نے ۸۶-۱۹۸۵ء میں اپنے رسالہ اردو میں بالاقساط شائع کیا پھر '''ترقی اردو بورڈ'' کراچی کا جو لغت مرتب ہوا ہے اور جس کی پندرہ جلدیں آچکی ہیں اس میں املا کے لحاظ سے بہت سی باتوں میں 'اردو املا' کی پیروی کی گئی ہے۔ اور ہندو پاک کی معروف دانشگاہوں و دیگر ادبی اداروں میں اردو املا کی پیروی کی جاتی ہے واقعہ یہ ہے کہ لوگ اب املا کو ایک موضوع سمجھنے لگے ہیں۔ حالیہ دہائیوں میں املا کی صحت اور یک لسانی کا جو شعور واحساس پیدا ہوا ہے، اس میں رشید حسن خاں کی کوششوں کا بڑا دخل ہے اور اس سلسلے میں ان کی خدمات ناقابل فراموش ہیں۔

نصاب سازی

(Curriculum Development)

درسی کتاب کا مفہوم (Meaning of Text Book)

درسی کتاب اس کتاب کو کہتے ہیں جو کسی خاص مقصد کے پیش نظر تیار کی جاتی ہے اور کلاس میں کسی مضمون سے متعلق پڑھائی جاتی ہو۔عام طور پر درسی کتاب ہی تدریس کا مرکز ہوتی ہے۔ مضمون سے متعلق جو بھی مواد ترتیب و تنظیم کے ساتھ طلبہ تک پہنچانا ضروری ہوتا ہے، وہ درسی کتاب کے ذریعہ ہی پہنچایا جاتا ہے۔ گویا ایک اعتبار سے درسی کتاب مواد مضمون کا آئینہ ہوتی ہے، جس میں مضمون کے پڑھانے کے اغراض ومقاصد، طریقہ تدریس اور حصول مقاصد کی عکاسی ہوتی ہے۔ اس کی موجودگی میں استاد اپنی منزل سے ہٹنے نہیں پاتا اور شاگردوں کو ہر قدم پر منزل مقصود کا علم ہوتا ہے۔ اس کے ذریعہ طالب علم کی کوشش کی اختیار کا بھی اندازہ ہوتا ہے گویا درسی کتاب سے استاد اور شاگردوں کا ظاہر ہوتا ہے۔

کسی بھی نظام تعلیم میں درسی کتاب کا رول بہت اہم ہوتا ہے۔ ان کتابوں میں نفس مضمون کی تشریح مصنف کرتا ہے اور اس کا مقصد خاص طور سے معلومات کو فراہم کرنا ہے۔

اچھی کتابیں تبھی بن سکتی ہیں جب کتاب کے مواد مضمون کو یکجا کرتے وقت بچوں کے معیار، دلچسپیوں اور مہارتوں کی طرف توجہ کی جائے۔ یہ کتابیں طلبہ کے سامنے ایک معیار تحصیل طے کرتی ہیں اور یہی نہیں بلکہ طلبہ کے حصول علم کے حدود بھی طے کرتی ہیں۔ درسی کتابوں کے ذریعہ تعلیم کی رفتار ترقی اور معلوماتی سطح کا جائزہ لیا جاتا ہے۔ یہ کتابیں حصول کے مطابق ہوتی ہیں اور بچوں کی ذہنی نشو ونما میں مددگار ثابت ہوتی ہیں۔

درسی کتاب کی ضرورت (Need of Text Book)

ہر مضمون میں درسی کتاب کا ہونا لازمی ہے۔خاص طور سے ادب میں اس کی بہت ضرورت ہے۔ درسی کتاب کی غیر موجودگی میں طلبہ بے کس ہو جاتے ہیں اور ایک قدم بھی آگے نہیں بڑھ سکتے۔ درسی کتابوں کے ذریعہ طلبہ اور استاد کو معلوم ہو جاتا ہے کہ کس درجہ کے اعتبار سے درسی کتاب کی تدریس کرنا ضروری ہے۔اس کی بنیاد پر ایک درجے میں ایک درسی کتاب کی ضرورت ہوتی ہے۔ جس سے بچوں کا اعادہ ایک متعین درسی کتاب کی بنیاد پر کیا جاتا ہے۔درستی کتاب کے بنانے میں مختلف ضروری اصولوں کو دھیان میں رکھا جاتا ہے۔

کتاب بنانے کے اصول (Principles of Writing Book)

۱- درسی کتاب کا Material اس درجہ کے نصاب کے مطابق ہونا چاہیے اس لیے درسی کتاب لکھنے سے پہلے اس درجہ کے نصاب کو متعین کر لینا چاہیے۔ نصاب کے بعد Content کو Select کرنا چاہیے۔

۲- اردو میں زبان کے بنیادی علم کو دھیان میں رکھا جانا چاہیے۔ یہ اصول درجہ کے حساب سے زیادہ رکھا جانا چاہیے۔ یہ اصول درجہ کے حساب سے زیادہ مشکل نہ ہوں اور کتاب میں الگ الگ قسم کے مضامین ہونے چاہیے۔ اس طرح سے طلبہ بہت ساری

معلومات حاصل کرتے ہیں۔

۳- درسی کتاب کا بہتر اصول یہ ہونا چاہیے کہ اس میں فہرست مضامین ہو۔ اس کا تعلق بھی روزمرہ کی زندگی سے ہو اور مشکل مضامین درسی کتاب میں نہیں ہونے چاہیے۔

۴- درسی کتاب میں جدید مضامین ہونے چاہیے اس طرح سے طلبہ میں دلچسپی پیدا ہوتی ہے اور وہ نئی پریشانیوں کو حل کرنے کی کوشش کریں گے۔ خاص کر جدید دور میں یہ سب ضروری ہے۔

۵- درسی کتاب کے Material Development ایک ایک Logical order میں ہونا چاہیے جس سے طلبہ علم مضمون کو اچھی طرح سمجھ سکیں۔

۶- درسی کتاب کو چھوٹے چھوٹے اسباق میں بانٹنا چاہیے اور ہر ایک سبق کے علم کی بنیاد پر جواب ہونے چاہیے اس طرح کی تقسیم سے طلبہ کو سمجھنے میں اور پڑھنے میں پریشانی نہیں ہوتی۔

۷- درسی کتاب میں ہر ایک سبق کے بعد سوالات ہونے چاہیے اور ساتھ ساتھ کچھ Problem اور Exercise بھی ہونے چاہیے جس کو طلبہ سبق کے اختتام پر حل کر سکیں۔ Problem اور Exercise الگ ترتیب میں ہوں تاکہ طلبہ کتاب کے مواد کو اچھی طرح سمجھ سکیں۔

۸- درسی کتاب میں استعمال کی گئی چیزوں سے Concept fach relationship وغیرہ اچھی طرح سمجھنا چاہیے۔ اگر طلبہ ان کو اچھی طرح سمجھ لیں گے تو ان کو کسی طرح کی کتاب پڑھنے میں پریشانی نہیں ہوگی۔

۹- درسی کتاب کسی ایک فرد کے ذریعہ نہیں لکھی جائے گی بلکہ اس میں ایک پوری Team کی مدد لینی چاہیے اس Team میں نیچے دیئے گئے لوگ شامل ہوں۔

(i) ماہر مضمون۔

(ii) تجرباتی معلم یعنی جس کو پورا پورا تجربہ ہو کہ کس درجہ کے لیے کونسا نصاب اچھا ہے۔

(iii) ماہر زبان

(iv) ماہر نفسیات

(v) ماہر تعلیم

درسی کتاب کی ظاہری خوبیاں (External Qualities of Text Book)

درسی کتاب کی زیادہ تر اہمیت وافادیت اس بات پر موقوف ہے کہ درسی کتاب اصول تعلیم کے مطابق تیار کی جائے اور اس کی ظاہری وباطنی خوبیوں کو ملحوظ رکھا جائے۔ جہاں تک درسی کتاب کی ظاہری خوبیوں کا تعلق ہے وہ مندرجہ ذیل ہیں۔

کاغذ

درسی کتاب کا کاغذ سفید ہونا چاہیے تاکہ چھپنے کے بعد الفاظ واضح طور پر صاف دکھائی دیں۔ پڑھنے میں کوئی دقت نہ ہو۔

کاغذ دبیز اور موٹا ہونا چاہیے تاکہ کاغذ کے دوسری طرف روشنائی نظر نہ آئے اور دوسرے صفحہ کے الفاظ پر دھبہ نہ پڑنے پائے۔

کاغذ چکنا ہو

کتابت وطباعت

کتاب ایسے حروف میں ہونی چاہیے تا کہ طلبہ کو پڑھنے میں دشواری پیدا نہ ہو۔
کتابت کھلی کھلی اور صاف صاف ہوتا کہ بغیر کسی پریشانی کے کتاب کو اچھی طرح پڑھا جاسکے۔

الفاظ کا املا ایک ہی طرح سے لکھا جائے تا کہ ملواں شکل الفاظ کو پڑھنے میں طلبہ دقت محسوس نہ کریں۔

درسی کتاب میں خوبصورت رنگین اور توضیحی نوعیت کی تصویر ہونی چاہیے اور سرورق بھی دیدہ زیب ہوتا کہ طلبہ کتاب کی جانب راغب ہوسکیں۔

جلد

درسی کتاب کی جلد مضبوط ہونی چاہیے تا کہ کثرت استعمال سے کتاب بوسیدہ نہ ہونے پائے۔

کتاب کی جلد خوبصورت اور دلکش ہونی چاہیے تا کہ طلبہ کتاب کی جانب متوجہ ہوں اور شوق ودلچسپی کے ساتھ کتاب اٹھائیں۔ اگر کتاب خوبصورت ہوتو کتاب کی حفاظت کا بھی رجحان پیدا ہوتا ہے۔

سائز

ایک اچھی درسی کتاب کا سائز بھی صحیح ہونا چاہیے کتاب زیادہ بڑی نہیں ہونی چاہیے اگر کتاب زیادہ بڑی ہوتی ہے تو طلبہ کو کافی دقتوں کا سامنا کرنا پڑتا ہے۔

درسی کتاب کی باطنی خوبیاں (Internal Qualities of Text book)

انتخاب مواد (Selection of Text)

درسی کتاب میں مواد بچوں کی ذہنی معیار کے مطابق ہو ان کی عام زندگی سے ملتا جلتا

ہو، اگر بچوں کے معیار سے زیادہ ہوں گی تو ان کو پریشانی لاحق ہوگی۔

پیش کش (Presentation)

ایک اچھی کتاب کی یہ خوبی ہوتی ہے کہ اس کا Presentation صحیح ہو اس میں ہر طرح کے مضمون ہوں کسی بھی ایک مذہب پر کتاب منحصر نہ ہو۔

تنظیم (Organisation)

ایک درسی کتاب میں یہ خوبی بہت ضروری ہونی چاہیے کہ کتاب کس حد تک منظّم ہے، خاص طور سے زبان کی۔ درسی کتاب Organise کرتے وقت ہمیں مندرجہ ذیل باتوں کا خیال رکھنا پڑے گا۔

مضمون کے نام کی فہرست ہونی چاہیے۔

۱- اخلاقی مضمون

۲- معلوماتی مضمون

۳- سائنسی مضمون

۴- کتاب میں کتنی نظمیں ہیں اور کتنے اسباق نثر کے ہیں

۵- کتاب میں مختلف قسم کے مضامین، ہدایت کے مضامین ہیں یا نہیں

بنیادی طور پر کتابیں زیادہ تر آسان، صاف اور عام زبان میں ہونی چاہیے تا کہ طلبہ آسانی سے سمجھ سکیں، جملے چھوٹے ہوں اور ایک دوسرے سے جڑے ہوں۔

درسی کتاب ہر طبقہ کی ضرورت، تہذیب اور ماحول کو مدنظر رکھ کر بنائی گئی ہو، کتاب ایسی ہو جس میں ہر مذہب کے مضامین موجود ہوں، کتاب کسی بھی مخصوص طبقے سے Related نہیں ہونی چاہیے۔

امدادی اشیااور دیگر وسائل

(Teching Aids and Other Means)

درسی امداد (Teaching Aids)

زبان وادب کی تدریس میں گو درسی امداد کی گنجائش بہت کم ہے، لیکن اس کی اہمیت بہر حال مسلم ہے۔ابتدائی درجات میں ان توضیحات یا درسی امداد کا استعمال جس قدر زیادہ ہوتا ہے، اسی قدر سبق کی آموزش کے لیے مفید اور کار آمد سمجھا جاتا ہے۔لیکن ثانوی منزل پر بچوں کی نگاہ ان امدادی سامان تعلیم سے ہٹ کر زبان وادب کے معیار، اس کے حسن و جمال اور اس کی دوسری خوبیوں کی طرف منعطف ہو جاتی ہے۔مغربی دنیا میں ترقی یافتہ ملکوں میں تعلیم کے ہر پہلو اور زاویہ پر زیادہ سے زیادہ توجہ دی جاتی ہے۔اسکول کی عمارت سے لے کر کلاس روم، بچوں کی تعداد، اسٹاف، ٹائم ٹیبل، لائبریری کھیل کے سامان اور طریقۂ تدریس وغیرہ۔سب کے سب گویا نمونے کے ہوتے ہیں۔ چنانچہ وہاں ابتدائی درجوں میں درسی امداد پر بے حد زور دیا جاتا ہے۔اس کیلیے ٹیچرس نئے سازوسامان کے ساتھ ہر بار ایک نئی تیاری کے ساتھ کلاس میں جاتے ہیں اور تدریس کا تو یہ زریں اصول ہی

ہے کہ ایک بار کی تیاری صرف ایک ہی بار کی ہوتی ہے۔ ہمیشہ کے لیے نہیں۔ لیکن ہمارے یہاں بد قسمتی سے زیادہ تر اسکولوں میں کلاس کی بنیادی چیزیں مثلاً بلیک بورڈ، چاک، ڈسٹر وغیرہ تک دستیاب نہیں ہیں۔ اس صورتحال میں ہر کلاس اور مضمون کے لیے درسی امداد کا فراہم کرنا کہیں نہایت مشکل تو کہیں ناممکن سی بات ہے۔

درسی امداد کی قسمیں (Types of Teaching Aids)

درسی امداد کو دو بڑے حصوں میں منقسم کیا جاسکتا ہے۔

۱- سماعت کی چیزیں (Audio Tools)

یعنی ایسی چیزیں جن کی آواز کو کلاس میں بچوں کو سنایا جاسکتا ہے۔ مثلاً ریڈیو، ٹیپ ریکارڈ وغیرہ۔

۲- بصارت کی چیزیں (Visual Tools)

یعنی وہ چیزیں جو آنکھ سے دیکھی اور مشاہدہ کی جاسکتی ہوں۔ مثلاً خاکے، چارٹ، نقشے، تصویریں اور ماڈل وغیرہ۔ ان کے علاوہ بعض امدادی سامانِ تعلیم بیک وقت بصری و سمعی، دونوں طرح کے ہوتے ہیں۔ یعنی ایسی چیزیں جنھیں بچے ایک ساتھ دیکھ بھی سکتے ہوں اور سن بھی سکتے ہوں جیسے ٹیلی ویژن، وی، سی، آر، اور فلم وغیرہ۔

کلاس میں پڑھائی کے دوران درسی امداد کے استعمال سے طلبہ کے ذہن میں موضوع کی تصویر صاف اور واضح ہوجاتی ہے۔ اور تصورات بھی گنجلک نہیں ہونے پاتے بلکہ موضوع اور نفس مضمون کی تفہیم میں آسانی ہوجاتی ہے۔ درسی امداد سے یقیناً بچوں کی آموزش کے عمل میں کافی مدد ملتی ہے۔ یہ امداد کسی ایک مضمون یا کلاس کے لئے مخصوص نہیں ہوتی بلکہ ان کی ہر کلاس اور ہر مضمون میں کم وبیش ضرورت پڑتی ہے۔ خصوصاً تاریخ جغرافیہ

کی کلاس یا پھر سائنس کی کلاس میں ان کے استعمال سے مضمون میں جان پڑ جاتی ہے اور بچوں کے اندر سمجھنے اور اخذ کرنے کی قوت مزید تیز ہو جاتی ہے۔ ماہرین کا کہنا ہے کہ درسی امداد کا مناسب وموزوں استعمال بچوں کے علم کو پختگی اور استحکام عطا کرتا ہے۔ اور اب یہ بات ثابت ہو چکی ہے کہ کلاس میں استاد کی محض نظریاتی باتیں بچوں کو مطلوبہ علم اور فہم وادرک دینے سے قاصر رہتی ہیں۔ اس لیے کہ بالخصوص ابتدائی درجات میں بغیر آنکھوں سے دیکھے اور مشاہدہ کیے کوئی نیا خیال اور نئی بات ان کے ذہنوں میں نہیں آپاتی یا مشکل سے آتی ہے، جب کہ آنکھوں سے دیکھی اور کانوں سے سنی ہوئی باتیں بچوں کے علم کو پائیدار بنا دیتی ہیں۔

درسی امداد کے فائدے (Advantages of Teaching Aids)

۱- بلاشبہ امدادی سامانِ تعلیم کے استعمال سے سبق بہت زیادہ پر اثر اور دل کش ہو جاتا ہے اور اس میں ایک نئی کشش پیدا ہو جاتی ہے۔

۲- بچے اس کشش اور جاذبیت کے زیر اثر سبق کو توجہ اور ذوق وشوق سے پڑھنے کی کوشش کرتے ہیں۔ اور یقیناً یہی توجہ اور ذوق وشوق کسی علم کو سیکھنے کے لئے لازمی ہے۔

۳- Teaching Aids کو بغور دیکھنے، پرکھنے اور سمجھنے کی کوشش سے قوتِ مشاہدہ کو استحکام اور ذہنی فکر کی نشوونما ہوتی ہے۔

۴- درسی امداد کے ذریعہ بچوں کو مجرد تصورات کی تفہیم جلد ہو جاتی ہے۔ یعنی انہیں زیادہ ذہنی کاوش نہیں کرنی پڑتی، نہ ان کے تخیل پر زیادہ بار ہی پڑتا ہے۔

۵- سبق کی آموزش آسان ہو جاتی ہے یعنی بچے درسی امداد کو سبق یا موضوع سے نہایت آسانی سے جوڑ دیتے ہیں۔

۶- درسی امداد کی بدولت سبق میں بچوں کی دلچسپی آخر دم تک قائم رہتی ہے۔ دلچسپی کے ساتھ جہاں آموزش کا مسئلہ آسان ہو جاتا ہے وہیں کلاس میں نظم وضبط بھی قائم رہتی ہے۔ دلچسپی اور نظم وضبط کا چولی دامن کا ساتھ ہے۔

یہ بات طے ہے کہ عمدہ پڑھائی کے لئے خصوصاً ابتدائی درجات میں درسی امداد کا زیادہ سے زیادہ استعمال بے حد ضروری ہے۔ لیکن ہمارے جیسے غریب ملک میں اس بات کا بھی لحاظ رکھنا ضروری ہے کہ یہ امدادی سامانِ تعلیم زیادہ مہنگے نہ ہوں۔ کوشش کرنی چاہیے کہ اس کے لئے کم سے کم خرچ کرنا پڑے۔ ظاہر ہے جہاں اسکولوں میں بنیادی چیزیں بھی دستیاب نہیں ہیں وہاں درسی امداد کا سامان ایک مشکل امر ہے۔ کوشش یہ ہونی چاہیے کہ کم خرچ میں سستی مگر مناسب چیزیں استعمال میں لائی جائیں۔ اس کے لیے نیچے لکھے گئے تعلیمی سامانوں سے ایک ٹیچر عمدہ طریقوں سے کام لے سکتا ہے:

تصویریں، چارٹ، نقشے، ماڈل اور دوسری سائنس کی چیزوں کا استعمال آسانی سے کیا جا سکتا ہے۔ اس کے علاوہ کلاس میں بلیک بورڈ، خود ایک زبردست تعلیمی ذریعہ ہے۔ ایک اچھے ٹیچر کو چاہیے کہ وہ بورڈ، کا بہت ہی اچھی طریقے سے استعمال کرے۔ یعنی ایک اچھے اور لائق ٹیچر کی یہ خصوصیت ہے کہ وہ اچھا پڑھانے کے سوا بلیک بورڈ، پر خوشخط لکھے۔ ضرورت پڑنے پر عمدہ قسم کے ڈائیگرام، ہلکے پھلکے نقشے اور تصویریں بھی بنا دے۔

عام ملحوظات

ابتدائی درجات میں تدریس زبان کی خصوصی اہمیت ہے، اس لیے کہ یہ منزل بنیادی منزل ہے۔ اس منزل پر زبان کی میکانکی اور نیم میکانکی مہارتوں کی بنیاد پڑتی ہے اور بچوں میں نئی لسانی عادتوں کی داغ بیل پڑتی ہے۔ اس لیے ضروری ہے کہ زبان کی تدریس

کو دلچسپ اور موثر بنایا جائے تا کہ بچے شوق اور دلچسپی کے ساتھ زبان کی بنیادی مہارتیں سیکھیں اس مقصد کے پیش نظر اساتذہ کو یہ مشورہ دیا جاتا ہے کہ مواد تعلیم آسان اور دلچسپ طریقے سے بیش کیا جائے تا کہ بچے ہنسی خوشی مواد مضمون کو ذہن نشیں کر لیں۔ ان مقاصد کے حصول کے لیے کچھ ایسی امدادی اشیاء اور مدرسے کے دیگر وسائل تجویز کیے گئے ہیں جو مجرد تصورات کی وضاحت اور صراحت میں معاون ہوتے ہیں اور مواد مضمون سے متعلق بچوں میں دلچسپی پیدا کرتے ہیں امدادی اشیاء اور دیگر وسائل میں سمعی وبصری وسائل کے استعمال کی سفارش کی جاتی ہے۔ ان کے وسیلے سے آموزش کی تحریک اور تدریسی عمل میں سہولت پیدا ہوتی ہے پرائمری درجات میں چونکہ زبان کی بنیادی مہارتیں سکھائی جاتی ہیں اسلیے امدادوالی اشیا کے استعمال کی بڑی گنجائش ہے جوں جوں زبان کی تدریس سے ادب کی تدریس کی جانب بڑھتے جائیں گے امدادی اشیا کے استعمال کی گنجائش سب کم ہوتی جائے گی۔ لیکن دیگر وسائل کے امکانات بڑھتے جائیں گے۔

ابتدائی درجات میں زبان سکھاتے وقت اختلاف مادی سے کام لینا بہت سود مند ہوتا ہے۔ اس لیے کہ اس کے وسیلے سے بہم تصورات واضح ہو جاتے ہیں اور افہام و تفہیم میں سہولت پیدا ہو جاتی ہے اس لیے پرائمری درجات کے اساتذہ کو خصوصیات کے ساتھ امدادی اشیا کے استعمال سے واقف ہونا چاہیے۔

اردو زبان کی تدریس کا اگر حقیقی طور پر جائزہ لیا جائے تو اندازہ ہوتا ہے کہ اس کی تدریس میں اگر ایک طرف سہولتیں دستیاب ہیں تو دوسری جانب یہ اساتذہ کی عدم توجہی کا بھی شکار ہے۔ مدرسوں کا ماحول ایک طرف خشک اور غیر دلچسپ ہے تو دوسری طرف گھریلو حالات بھی سازگار نہیں ان سائل کے پیش نظر اردو کے اساتذہ پر یہ ذمے داری عائد ہوتی ہے کہ وہ شعوری طور سے تعلیمی عمل کو دلچسپ بنائیں اور اس بات کی کوشش کرے کہ کھیل

کھیل میں بچوں کو لکھنا اور پڑھنا سکھا دیں۔

عام مشاہدہ یہ ہے کہ پرائمری درجات میں خصوصیت کے ساتھ زبان کی تعلیم کا سارا عمل درسی کتاب تک محدود رہتا ہے اس منزل پر بچہ سہولت کے ساتھ آزاد مطالعہ نہیں کر سکتا اس لئے ضروری ہے کہ درسی کتب میں بچوں کی دلچسپی پیدا کرانے میں امدادی اشیا سے استفادہ کیا جائے۔ ماہرین تعلیم کا خیال ہے کہ ہمارے تصورات بڑی حد تک سمعی و بصری تجربات پر مبنی ہوتے ہیں۔ اس لیے زبان کی تعلیم میں مفید طریقے پر ان کا استعمال کیا جا سکتا ہے۔ ان کے استعمال سے بچوں کے تجربات میں وسعت پیدا ہوتی ہے۔ حصول معلومات کا عمل دلچسپ اور سہل ہو جاتا ہے۔ بچوں میں تحسین کا مادہ پیدا ہوتا ہے اور خیال آرائی کی تحریک پیدا ہوتی ہے۔

سہولت کے خیال سے امدادی اشیا اور دیگر وسائل کو علاحدہ علاحدہ پیش کیا جا رہا ہے اول الذکر کو حصہ (الف) میں اور آخر الذکر کو حصہ (ب) میں زیر بحث لایا گیا ہے۔

حصہ (الف) امدادی اشیا میں دو قسم کا سامان شامل ہوتا ہے ایک سمعی اور دوسرا بصری۔ سمعی سامان میں ریڈیو، ٹیپ رکاڈر اور گراموفون شامل ہیں اور بصری سامان میں تعلیمی تاش، چارٹ، نقشہ اور ماڈل شامل ہیں۔ فلم اور ٹیلی ویژن میں سمعی اور بصری دونوں وسائل کا استعمال ہوتا ہے۔ ان کے علاوہ درسی کتب اور تختہ سیاہ کو بھی امدادی اشیا میں شامل کیا جاتا ہے۔ ذیل میں ان اشیا کے استعمال سے متعلق ضروری باتیں پیش کی جا رہی ہیں۔

ا۔ تختۂ سیاہ

ایک اچھے استاد کی یہ خصوصیت ہوتی ہے کہ وہ پڑھاتے وقت تختہ سیاہ کا بہتر استعمال کرے اور اس کے ذریعے تدریسی عمل میں سہولت پیدا کرے۔

تختہ سیاہ کا استعمال مختلف کاموں کے لیے کیا جا سکتا ہے مثلاً نقشہ، خاکہ اور تصاویر

بنا کر بچوں کو دکھایا جاسکتا ہے لیکن زبان کی تدریس میں پڑھنا اور لکھنا سکھاتے وقت تختہ سیاہ کا استعمال خصوصیت کے ساتھ کیا جاسکتا ہے پڑھنا سکھاتے وقت دو حرفی، سہ حرفی، اور چہار حرفی الفاظ تختہ سیاہ پر صاف صاف لکھ کران کی ترکیبی شکلوں سے بچوں کو بخوبی واقف کرایا جاسکتا ہے۔اسی طرح لکھنا سکھاتے وقت بھی حروف کی ملواں شکلیں بنائی جاسکتی ہیں اور شوشے، دائرے اور مرکز سے بچوں کو واقف کرایا جاسکتا ہے۔اس کے علاوہ تلفظ کی مشق اوراخذ معنی کے عمل میں بھی تختۂ سیاہ کا تخلیقی استعمال کیا جاسکتا ہے۔

تختۂ سیاہ کے کام کو موثر بنانے کے لیے استاد کو چاہیے کہ وہ بائیں جانب کھڑے ہو کر تختۂ سیاہ پر لکھے تا کہ کلاس میں بیٹھے ہوئے تمام بچوں کو اچھی طرح تختۂ سیاہ نظر آئے۔ لکھتے وقت استاد اگر مختلف رنگ کی چاک استعمال کرے تو سرخی، ذیلی سرخی اور اہم نکات کی جانب بخوبی اشارہ کیا جاسکتا ہے۔

۲- درسی کتاب

ابتدائی درجات کے پہلے سال میں چونکہ پڑھنا اور لکھنا سکھانے کا آغاز کیا جاتا ہے اسلیے قاعدہ پڑھایا جاتا ہے۔جدید قواعد میں عام طور سے رنگین تصاویر ہوتی ہیں اور انہیں سے مربوط لفظ اور جملے ہوتے ہیں اور اس لیے استاد کو چاہیے کہ قاعدے کے تصاویر کو تدریس کا ایک وسیلہ تصور کرے۔

اس طرح درسی کتاب کو بھی تدریس کا ایک موثر وسیلہ تصور کرنا چاہیے اور درسی کتاب میں دی ہوئی مشقوں کو دلچسپ اور موثر ڈھنگ سے پڑھانا چاہیے تا کہ بچے درسی کتب میں دلچسپی پیدا کرسکیں، ایک بار اگر بچوں میں درسی کتب سے دلچسپی پیدا ہوگئی تو پھر درس وتدریس کا عمل بہت سہل ہو جاتا ہے اور بچے خود بخود پڑھنے اور لکھنے کی جانب مائل

ہو جاتے ہیں۔

۳۔ تعلیمی تاش

بازار میں رنگین تعلیمی تاش بہت سہولت کے ساتھ دستیاب ہیں ان میں الف بائی لفظی تاش، حروف شناسی اور لفظ شناسی میں بڑی دلچسپی پیدا کرتے ہیں۔ استاد بذات خود بھی تعلیمی تاش تیار کر سکتا ہے اور بچوں کی ضرورت کے مطابق ان کو استعمال کر سکتا ہے۔ تعلیمی تاش کی مدد سے کلاس میں کھیل کھیل میں حروف شناسی کرائی جا سکتی ہے اور حروف کی ترتیب بدل کر لفظ بنوائے جا سکتے ہیں۔ اس کے ذریعے چونکہ کھیل کا ماحول پیدا ہو جاتا ہے، اس لیے بچے دیر تک اس میں مصروف رہ سکتے ہیں اور ساتھ ہی ساتھ نئے اور بامعنی لفظ بنا کر حقیقی مسرت حاصل کر سکتے ہیں۔

عام طور سے بچے الفاظ سے تو واقف ہوتے ہیں لیکن ان کی علامتی یعنی تحریری شکل سے واقف نہیں ہوتے اس لیے استاد کی رہنمائی میں تعلیمی تاش کی مدد سے وہ پڑھنا اور لکھنا سہولت کے ساتھ سیکھ جاتے ہیں۔

۴۔ چارٹ و تصاویر

بازار میں عام طور پر رنگین چارٹ اور تصاویر ملتی ہیں۔ خاص طور سے پودوں، سبزیوں، جانوروں اور پرندوں کی تصاویر سہولیت کے ساتھ دستیاب ہیں۔ استاد کو چاہیے کہ ان تصاویر کو کاٹ کر کھیل کھیل میں حروف شناسی اور لفظ سازی کی مشق کرائے۔ مثال کے طور پر ایک ڈبے میں چند تصاویر رکھی ہیں اور دوسرے میں جلی حروف میں لکھے ہوئے الفاظ تصویر کے مناسبت سے لفظ کسی شناخت یا لفظ کی رعایت سے تصویر تلاش کرنے کا کام تمام بچوں کے لیے دلچسپی کا باعث ہو سکتا ہے۔ اگر استاد میں تھوڑی بہت خلاقانہ صلاحیت موجود

ہے تو موقع محل کے لحاظ سے چارٹ پیپر پر خود بھی تصاویر بنا کر استعمال کر سکتا ہے۔

۵- کہانیاں

کہانیوں سے بچوں کو فطری لگاؤ ہوتا ہے لہٰذا ان کے شوق کی آبیاری کے لیے ہلکی پھلکی کہانیوں کی رنگین کتابیں فراہم کی جاسکتی ہیں۔ نیشنل بک ٹرسٹ نے ایسی بہت سی کتابیں شائع کی ہیں جو واجبی قیمت پر دستیاب ہیں ان کتابوں میں چونکہ رنگین تصاویر کے سہارے کہانی پڑھانے کا حوصلہ بھی پیدا ہوتا ہے۔ عام طور پر اردو کی درسی کتابیں دیدہ زیب نہیں ہوتیں اور طریقۂ تدریس بھی خشک ہوتا ہے اس لیے بچوں میں پڑھنے سے عدم دلچسپی پیدا ہو جاتی ہے خاص طور سے پہلی اور دوسری جماعت کے بچوں کے لیے یہ طریقہ بہت سود مند ثابت ہو سکتا ہے۔

۶- ٹیپ رکاڈر

ٹیپ رکاڈر کا استعمال ان دنوں بہت عام ہو گیا ہے ایک حوصلہ مند استاد ٹیپ رکاڈر کا استعمال کر کے بچوں میں زبان کا شوق پیدا کر سکتا ہے اس کے ذریعہ بچوں کو دلچسپ کہانیاں سنائی جاسکتی ہیں یہ کہانیاں ریڈیو یا ٹیلی ویژن سے ٹیپ کی جاسکتی ہیں اور بچوں کو سنائی جاسکتی ہیں بچوں میں مزید شوق پیدا کرنے کے لئے بچوں کی آواز ٹیپ کر کے کلاس میں سنائی جاسکتا ہے۔

۷- ریڈیو

جدید تعلیم میں ریڈیو پر بہت زور دیا گیا ہے اور گذشتہ برسوں میں اس کو تعلیم کا ایک موثر وسیلہ تصور کیا گیا ہے۔ ریڈیو سے اسکول براڈ کاسٹ اور بچوں کے پروگرام نشر کیے جاتے ہیں جو بچوں کو بہت پسند آتے ہیں۔ ریڈیو کے پروگرام سے ایک طرف معلومات میں اضافہ ہوتا ہے تو دوسری جانب صحت تلفظ، لب و لہجے اور ادائیگی کی بہتر تربیت بھی کی

جاسکتی ہے۔ ریڈیو سے قومی اور ملکی نوعیت کے پروگرام بھی پیش کیے جاتے ہیں، جو بچوں میں دلچسپی کا باعث ہوتے ہیں مثال کے طور پر یوم آزادی، یوم جمہوریت، بسنت اور عید جیسے پروگرام میں بچوں کو خصوصیت کے ساتھ دلچسپی ہوتی ہے۔

۸- ٹیلی ویژن

ٹیلی ویژن کی سہولت اب شہروں تک ہی محدود نہیں بلکہ گاؤں گاؤں ٹیلی ویژن کی سہولیت میسر ہے۔ اگر اسکول میں ٹیلی ویژن فراہم کردیا جائے تو بچوں میں بہت دلچسپی پیدا ہوسکتی ہے۔ ٹیلی ویژن میں چونکہ سمعی وبصری دونوں وسائل کارفرما ہوتے ہیں اس لئے طالب علم بہت شوق سے ٹیلی ویژن کا پروگرام دیکھتے ہیں۔ گذشتہ برسوں میں ٹیلی ویژن نے سماجی اور ثقافتی زندگی میں جس طرح قبول عام حاصل کرلیا ہے اس کو دیکھتے ہوئے ٹیلی ویژن زبان کی تعلیم میں ایک اہم رول ادا کرسکتا ہے۔

دہلی جیسے بڑے شہروں میں ثانوی مدارس کے لئے ٹیلی ویژن فراہم کیے گئے ہیں اور سائنس اور دیگر مضامین سے متعلق اسباق نشر بھی کیے جاتے ہیں۔ لیکن ابتدائی مدارس کے لئے ابھی اس طرح کی سہولتیں فراہم نہیں کی گئی ہیں جب کہ ابتدائی مدارس میں ان وسائل کی بہت ضرورت ہے۔

اب جب کہ اوپن یونیورسٹی کا قیام عمل میں آگیا ہے اور غیر رسمی تعلیم کو وسیع پیمانے پر پھیلایا جارہا ہے۔ ریڈیو اور ٹیلی ویژن کی اہمیت میں روزافزوں اضافہ ہوتا جارہا ہے بعض ریاستوں نے تو ہزاروں اسکولوں میں ریڈیو سٹ فراہم کردیے ہیں اور نشریات کے ذریعے ہزاروں طالب علموں کو ضروری معلومات فراہم کی جارہی ہیں۔

تدریسِ نثر و نظم کے اہم اقدامات و اشارات

(Important Steps and Suggestions of Teaching Prose and Poetry)

نثر و نظم کی تدریس کے مقاصد چونکہ ایک دوسرے سے الگ ہیں اس لیے ان کے طریقۂ تدریس میں بھی فرق ہونا ضروری ہے۔ نثری سبق کے تدریس کا مقصد یہ ہے کہ بچوں میں صحیح اردو بولنے پڑھنے، لکھنے اور سمجھنے کی صلاحیت پیدا کی جائے۔ ذخیرہ الفاظ میں اضافہ کر کے انہیں تقریری وتحریری اظہار کرنے کا اہل بنایا جائے۔ ان کی ذہنی نشو ونما کی جائے اور زیرِ تدریس سبق کو ذہن نشین کرایا جائے۔ لیکن نظم کی تدریس کا اصل مقصد یہ ہے کہ بچوں کے جذبات کو متحرک کیا جائے۔ ان میں نظم خوانی کا شوق پیدا کیا جائے الفاظ کے وزن و آہنگ کا احساس دلایا جائے شعر و ادب کے مطالعہ کا شوق پیدا کیا جائے۔ ان کی قوت تخیل کو فروغ دیا جائے۔ اور قوت تخلیق کو ابھارا جائے اور بچوں پر کم وبیش وہی جذبات واحساسات طاری کرنے کی کوشش کی جائے جو نظم لکھتے وقت شاعر کے دل و دماغ پر جاری وساری تھے یعنی نظم کی تدریس کا مقصد نثر کی طرح بچوں کے لئے صرف الفاظ و معلومات فراہم کرنا نہیں بلکہ نظم کی تدریس کا اولین مقصد بچوں کی حسن لطیف کو پیدا کرنا، ان کی قوت

متخیلہ کو ابھارنا، ان کے ذوق جمال کو حرکت میں لانا اور خوبصورت چیزوں کو محسوس کرنے اور ان سے لطف اٹھانے کی صلاحیت پیدا کرنا ہے۔ مقاصد کے اس فرق نے نظم ونثر کی تدریس میں نمایاں فرق ڈالا ہے۔ پھر بھی چونکہ بہ حیثیت مجموعی نظم کی تدریس کے اقدامات وہی ہیں جو نثر کے ہیں اس لیے ہم دونوں کا ایک ساتھ ذکر کریں گے اور جہاں جیسی ضرورت ہوگی وہاں نظم ونثر کے طریقہ کار کو واضح کرتے چلیں گے۔

اردو تدریس کے اہم اقدامات مندرجہ ذیل ہیں:

۱- تمہید

۲- اعلان سبق

۳- قرأت معلم

۴- قرأت متعلم

۵- صحت تلفظ

۶- اخذ معنی۔ (نظم کے سبق میں اس اقدام کی چنداں ضرورت نہیں۔ مناسب یہ ہوگا کہ الفاظ کے معنی ایک چارٹ کے ذریعے نظم کے آغاز سے پہلے ہی طلبہ کو بتادیے جائیں تا کہ وہ نظم سے پوری طرح لطف اٹھا سکیں)

۷- تفہیم واستحسان

۸- اعادہ

۹- گھر کا کام

تمہید

تمہید کے لغوی معنی فرش بچھانے یا کسی کے استقبال کی تیاری کرنے کے ہیں۔ اس

جگہ تمہید سے تقریر یا تحریر کا وہ عمل مراد ہے جو بچوں کی معلومات کا جائزہ لیا جاتا یہ۔ تدریسی اقدامات میں تمہید کو غیر معمولی اہمیت حاصل ہے۔ اور کامیاب تمہید کو عموماً سبق کی کامیابی کی دلیل خیال کیا جاتا ہے یہ جو کسی نے کہا ہے کہ جس کام کا آغاز اچھا ہوتا ہے بالعموم اس کا انجام بھی اچھا ہوتا ہے۔ کچھ غلط نہیں ہے اچھی تمہید فی الواقع سبق کو کامیاب بنانے میں بڑی مدد کرتی ہے۔ عام طور پر دیکھا گیا ہے کہ اگر بچے شروع میں سبق سے دلچسپی لیتے ہیں تو پھر ان کا انہماک ہر لحہ بڑھتا جاتا ہے اور پورے سبق کو بڑے غور وخوض اور دلچسپی سے سنتے ہیں۔ اس کے برعکس بے ربط اور خشک، بے کیف اور غیر دلچسپ تمہید بچوں کو سبق سے نفرت اور الجھن پیدا کر دیتی ہے۔ اس لیے ہر سبق کی تمہید کے لئے معلم کو خاص محنت اور توجہ سے کام لینا چاہیے۔ تمہید کی ترتیب کے لئے کوئی خاص اصول متعین نہیں کیے جا سکتے۔ ذہین اور طباع معلم ہر سبق کے لئے دلچسپ تمہید تیار کر سکتا ہے۔ تصویر، ماڈل، چارٹ، خاکہ، نقشہ، کہانی، تصویری کہانی اور سوال جواب غرض ہر چیز سے تمہید ہی مدد لی جا سکتی ہے اور معلم ضرورت کے خواہش کے مطابق ان میں سے کسی بھی طریقہ کار یا مختلف اشیاء کے امدادی سے مدد لے سکتا ہے۔ شرط صرف یہ ہے کہ تمہید میں جو چیزیں پیش کی گئی ہوں یا جو چیزیں بطور سوال سامنے لائی گئی ہوں وہ بچوں کی دلچسپی ان کی معلومات اور زیر تدریس سبق کے نفس مضمون سے گہرا تعلق رکھتی ہوں لیکن تمہید پر زیادہ وقت صرف کرنا مناسب نہیں ہے۔

تمہید سبق کی طرف رجوع کرنے کا ایک ذریعہ ہے۔ اس لیے اسے سبق کا جز خیال نہ کرنا چاہیے۔ زیادہ سے زیادہ دو تین منٹ تمہید کے لیے دینا چاہیے اور اس کے بعد اصل سبق کا آغاز کر دینا چاہیے۔ اس جگہ ایک اور بات کہنی ضروری ہے۔ بعض معلمین تمہید سے سبق کا عنوان اخذ کرانے کی شعوی کوشش کرتے ہیں۔ یہ طریقہ غلط ہے۔ عنوان کو نہیں بلکہ نفس مضمون کو ذہن میں رکھنا چاہیے اور عنوان اخذ کرانے کی کوشش میں وقت ضائع نہ کرنا چاہیے۔

اعلان سبق (Introduction to the Lesson)

تمہید کے بعد جب یہ اندازہ ہو جائے کہ طلبہ تدریس کے لئے ذہنی طور پر آمادہ ہو گئے ہوں تو سبق کا اعلان کر دینا چاہیے اور طلبہ سے کہنا چاہیے کہ وہ اپنی درسی کتاب کا فلاں سبق کھولیں۔ اس جگہ معلم کو سبق کے نفس مضمون کی اہمیت پر روشنی ڈالنا چاہیے مثلاً اگر اقبال کے عنوان کا سبق پڑھانا ہے تو سبق کی قرأت سے پہلے اقبال کی شخصیت اور شاعری کا مختصر تعاون طلبہ سے کرایا جائے۔ ان کی شاعرانہ عظمت کو چند لفظوں میں اجاگر کیا جائے اور ان کی قومی و دینی خدمات کی طرف توجہ دلائی جائے، ان کی زندگی اور سیرت کے بعض ایسے دلچسپ اور اہم پہلوؤں کو سامنے لایا جائے جو طلبہ کی دلچسپی کا سبب ہوں۔ اس سے یہ فائدہ ہوگا کہ طلبہ کو سبق کی اہمیت کا احساس ہو جائے گا اور وہ سبق کو ذوق وشوق کے ساتھ پڑھنے کو تیار ہو جائیں گے۔

قرأت معلم (Recitation by the Teacher)

اعلان سبق کے بعد درس کا باقاعدہ آغاز کیا جائے۔ دوسری اور تیسری جماعت تک کے طلبہ کے لئے زیادہ مفید یہ ہے کہ پہلے چند منٹ ان سے خاموش مطالعہ کرایا جائے اس کے بعد معلم نمونے کے طور پر سبق کی قرأت کرے۔ لیکن چوتھی اور پانچویں جماعت کے بعد خاموش مطالعہ کی ضرورت نہیں رہتی۔ معلم کو نمونہ کے طور پر قرأت پیش کرنا چاہیے۔ نمونے کی قرأت کا اصل مقصد یہ ہے کہ طلبہ میں صحیح اور مناسب و موثر لب ولہجے میں اردو پڑھنے کی صلاحیت پیدا ہو اس لیے ضرورت ہے کہ معلم کی قرأت نہایت موثر ہو۔ اس کا لب ولہجہ، رفتار قرأت، آواز اور تلفظ سب درست ہوں۔ معلم کی قرأت جس قدر مناسب اور موثر ہوگی طلبہ اسی قدر درس سے فائدہ اٹھا سکیں گے۔ اس کے برعکس اگر معلم نے خود صحت تلفظ

اور آواز کے اتار چڑھاؤ اور انداز قرأت میں احتیاط سے کام نہ لیا تو مثالی قرأت کا مقصد فوت ہو جائے گا اور اس سے فائدہ کے بجائے طلبہ کو نقصان پہنچے گا۔ کامیاب مثالی قرأت سے صرف یہی نہیں کہ طلبہ کو تلفظ کی درستگی، الفاظ کی تفہیم، اور مختلف قسم کی عبارتوں کو موثر لب ولہجہ سے پڑھنے میں مدد ملتی ہے بلکہ نفس مضمون کو ذہن نشین کرانے میں بھی بڑی آسانی ہو جاتی ہے۔

تدریس نظم کی کامیابی کا سارا انحصار مثالی قرأت پر ہے۔ نظم کا پڑھنا بھی ایک خاص فن ہے۔ بعض معلمین نظم پڑھنے کی فطری صلاحیت رکھتے ہیں اور نظم پڑھانے کا حق ادا کر دیتے ہیں، لیکن بعض معلمین نظم پڑھانے میں کامیاب نہیں ہوتے۔ نظم پڑھنے میں تحت اللفظ پڑھنے کی ہوتی ہیں اور ترنم سے پڑھنے میں ان کا اثر کم ہو جاتا ہے یا زائل ہو جاتا ہے، بعض نظموں کا اثر ترنم سے دوبالا ہو جاتا ہے اس لئے معلم کو سوچ سمجھ کر نظم پڑھنے کا انداز اختیار کرنا چاہیے یقیناً کامیاب نظم خوانی کا مفہوم یہ ہے کہ طلبہ کے دل و دماغ پر تھوڑی دیر کے لئے کم و بیش وہی فضا طاری ہو جائے جو نظم لکھتے وقت شاعر پر طاری تھی۔

قرأت متعلم (Recitation by the Student)

مثالی قرأت کے بعد معلم کو چاہیے کہ وہ متعدد طلبہ سے پڑھی ہوئی نظم یا نثر کو پڑھوائے۔ بعض نثری اسباق اور نظمیں، مکالمہ یا ڈراما کی صورت میں ہوتی ہیں۔ انہیں جماعت کے سامنے مکالمہ یا ڈراما ہی کے انداز میں مختلف طلبہ سے ایک ساتھ پڑھوانا مناسب ہوگا۔ نظم خوانی کے لئے چھوٹی جماعتوں میں گروہ بندی اور بھی مفید ہوگی۔ اس لیے کہ طلبہ ساتھ مل کر گانے یا نظم پڑھنے میں ایک خاص قسم کی خوشی محسوس کرتے ہیں لیکن اس کے ساتھ ہی جب تک طلبہ کو باقاعدہ تربیت نہ دی جائے، تدریس کامیاب نہیں ہو سکتی۔ ثانوی جماعتوں میں انفرادی نظم خوانی ہی طلبہ کے لئے مفید ہوگی۔ اگر طلبہ نظم یا نثر کی قرأت

میں ناکام نظر آئیں تو معلم کو دوبارہ سہ بارہ نمونے کے طور پر قرأت کرنی چاہیے لیکن پڑھنے کے دوران میں طلبہ کو بار بار ٹوکنا یا منع کرنا مناسب نہیں ہے بلکہ قرأت کے بعد بچوں کی توجہ دوبارہ مثالی قرأت کی طرف مبذول کرانی چاہیے اور پھر اس کی تقلید پر زور دینا چاہیے۔

صحت تلفظ (Right Pronounciation)

طلبہ کی قرأت کے وقت ان کے تلفظ اور لب و لہجے پر خاص نظر رکھنی چاہیے لیکن دوران قرأت طلبہ کو ان کی غلطیوں پر ٹوکنا یا روکنا درست نہیں۔ بلکہ قرأت کے بعد ان کی توجہ غلطیوں کی طرف مبذول کرانا چاہیے۔ تلفظ کی درستگی کا طریقہ یہ ہوگا کہ جن لفظوں کا تلفظ طلبہ غلط ادا کریں انہیں معلم کو تختہ سیاہ پر خاموشی سے لکھتے رہنا چاہیے یا اشارات کی کتاب میں نوٹ کر لینا چاہیے تاکہ ساری غلطیاں حافظے میں رہیں اور ہر تلفظ کی صحت کرائی جاسکے۔ بعد ازاں جن طلبہ نے غلطیاں کی تھیں پہلے انہیں سے ان الفاظ کو پڑھوایا جائے۔ اگر یہ پھر غلطی کریں تو ان پر اعراب لگا کر پڑھوایا جائے اور مشق کے لئے کئی طلبہ سے الگ الگ ان الفاظ کو بلند آواز سے پڑھوا کر سارے طلبہ کے گوش گزار کر لیا جائے۔ ہر طالب علم کی غلطیاں الگ الگ انفرادی طور پر درست کرانا چاہیے ساری غلطیوں کو تختہ سیاہ پر ایک ساتھ جمع کر کے ان کی اصلاح کرنا طلبہ کے ذہن میں الجھن پیدا کر سکتی ہے۔

اخذ معنی (Meaning Formation)

چونکہ اردو تدریس کا اہم مقصد یہ ہے کہ طلبہ کے ذخیرہ الفاظ میں اضافہ کیا جائے اس لئے نئے الفاظ کے معنی اور استعمال پر زور دینا نہایت ضروری ہے۔ خاص طور پر نثری اسباق میں الفاظ کے معنی کی تفہیم خاص اہمیت رکھتی ہے۔ الفاظ چونکہ مختلف قسم کے ہوسکتے ہیں اس لئے ان کے معنی اخذ کرانے کے طریقے بھی جداگانہ ہوں گے۔

لیکن نظم کی تدریس میں الفاظ و معنی پر زور دینا مناسب نہیں۔ نظم کی تدریس کا خاص مقصد چونکہ طلبہ کے جذبات کو متحرک کرنا شعر و سخن کا ذوق اور مطالعہ کا شوق پیدا کرنا اور نظم خوانی سے انہیں لطف اندوز کرانا ہے۔ اس لیے دوران تدریس الفاظ کی تشریح ان کی ساخت اور ان کے معنی کا مسئلہ چھیڑ کر اس کو بے کیف بنانا کسی طرح مناسب نہیں ہے۔ اگر نظم میں چند الفاظ ایسے ہیں جن کا مفہوم واضح کرنا ضروری ہے تو ان کے لئے معلم مترادف الفاظ سے مدد لے سکتا ہے۔ مثلاً نظم میں ''تو انگر'' کا لفظ آیا ہے اس لفظ کے معنی معلم باتوں باتوں میں مالدار یا دولت مند کہہ کر آسانی سے واضح کر سکتا ہے۔ یہ بھی ہو سکتا ہے کہ مشکل الفاظ کے معنی تدریس سے پہلے طلبہ پر واضح کر دیے جائیں۔ اس کی دو صورتیں ہو سکتی ہیں الفاظ کا چارٹ مع معنی جماعت میں تدریس کے وقت آویزاں کر دیا جائے تاکہ طلبہ دیکھ لیں یا ان الفاظ کے معنی سمیت تختہ سیاہ پر لکھ دیا جائے اور طلبہ سے کہا جائے کہ وہ ان پر ایک نظر ڈال لیں۔ بعد ازاں تدریس کا اغاز کیا جائے۔

تفہیم و استحسان (Understanding and Interpretation)

نفس مضمون کو توضیحی اشیا، کہانی، مترادفات، واقعات اور تقریر کے ذریعے ذہن نشین کرایا جا سکتا ہے۔ تقریری طریقہ ابتدائی اور ثانوی جماعتوں کے لئے کچھ زیادہ مناسب نہیں ہے۔ اگر اسے اختیار کرنا ضروری ہو تو مناسب سوالات کے ذریعے طلبہ کو درس میں شریک رکھنے کی کوشش کرنی چاہیے۔ ورنہ اگر صرف معلم بولتا رہا اور طلبہ کو اس میں عملاً شریک نہ کیا گیا تو سبق بے جان ہو جائے گا۔ اگر طلبہ کی معلومات، دلچسپی، عمر، ماحول، جبلی، میلانات اور ذوق و شوق کا لحاظ رکھ کر مختلف اشیاء، ماڈل، چارٹ، تصویر، خاکے، نقشے، مترادف، تصویری کہانیاں، واقعات، امثال، اشعار اور سوالات و جوابات کے ذریعے نفس مضمون کو سمجھانا چاہیے۔ نظم کی تدریس میں تفہیم کے سوالات کے ساتھ ساتھ ایسے استحسانی

سوالات بھی ہونے چاہئیں جن سے طلبہ کی معلومات میں بھی اضافہ ہو سکے اور ان کی وقت متخیلہ کو ابھرنے کا بھی پورا موقع ملے۔ اس لیے بعض مرکبات، تشبیہات و استعارات کے متعلق سوالات کرنے ضروری ہیں۔

اعادہ (Recapitulation)

اعادہ کے معنی ہیں کسی چیز کا دہرانا۔ اس جگہ اعادہ سے ایسا اقدام مراد ہے جس میں اس بات کا جائزہ لیا جاتا ہے کہ طلبہ زیر تدریس سبق کو پوری طرح ذہن نشین کر سکے ہیں یا نہیں اور اگر اس میں کوئی کمی رہ گئی ہے تو اعادہ کے ذریعے اسے پورا کیا جائے۔ اعادہ سبق بحیثیت مجموعی طلبہ کے سامنے آجاتا ہے اور پورے سبق کا خلاصہ ان کے ذہن میں محفوظ ہو جاتا ہے۔ اعادہ میں سوالات بھی کیے جا سکتے ہیں اور سبق کو دوبارہ پڑھوایا بھی جا سکتا ہے۔ تیسری جماعت تک مناسب یہ ہے کہ پورے سبق کی دوبارہ قرأت کرادی جائے لیکن چوتھی اور پانچویں کے بعد خاص طور پر ثانوی جماعتوں سوالات اور جوابات کے ذریعہ ہی سبق کا خلاصہ تیار کرنا مناسب ہوگا۔ نظم کی تدریس میں نظم کا دوبارہ سنانا یا اسی مفہوم کی کوئی دوسری نظم پڑھوانا نہایت مناسب ہوگا۔ محض سوال و جواب کے راستے پر جماعت کو چھوڑ دینا، نظم خوانی کے لطف کو زائل کرنا ہے اس لیے اس سے پرہیز کرنا بہتر ہے۔

گھر کا کام (Home Work)

آخر میں اگر تھوڑا بہت کام گھر کے لیے دے دیا جائے تو حرج نہیں ہے۔ یہ کام ہمیشہ عملی نوعیت کا ہونا چاہیے کہانی اور نظم کو یاد کر کے زبانی سنانے کے لئے بھی کہا جا سکتا ہے، لیکن گھر کا کام مختصر ہونا چاہیے۔

اشارات سبق (Lesson Points)

سبق کے مذکورہ بالا اقدامات کی ترتیب و تنظیم کا نام اشارات سبق ہے یا یوں سمجھ

لیجئے کہ زیر تدریس سبق کے متعلق تیاری کرنے اس کے مقاصد متعین کرنے اس کے متعلق سابقہ معلومات کا جائزہ لینے آغاز کیلئے مناسب تمہید انتخاب کرنے سبق کے استحضار و اعلان کی صورتوں پر غور و خوض کرے، صحت تلفظ اور اخذ معنی کے طریقوں کو اپنانے، نفس مضمون کی تفہیم اور اعادہ کی مختلف صورتوں کو پہلے سے طے کر لینے کا نام اشارات سبق ہے۔ اشارات کی تیاری تدریس کے لئے نہایت ضروری ہے۔ اشارات سبق جس قدر اچھا تیار ہوگا اسی قدر کامیاب ہوگا۔ اشارات کی تیاری سے معلم میں خود اعتمادی پیدا ہوتی ہے۔ اس کا مطالعہ وسیع ہوتا ہے۔ مختلف الفاظ اور فقرات کے لئے اسے لغت دیکھنے کی ضرورت پڑتیہے۔ سبق کی ہر چیز مع تشریح و توضیح اس کے ذہن میں محفوظ ہوتی ہے۔ اس لیے اسے درس دینے میں کوئی دشواری نہیں ہوتی وہ بڑی آسانی سے درس کو دلچسپ اور مفید بنا لیتا ہے۔ دیکھا گیا ہے جو سبق تیار کر کے پڑھایا جاتا ہے۔ وہ ہمیشہ طلبہ کی دلچسپی کا مرکز بن جاتا ہے، اس کے برعکس غیر تیار شدہ سبق سے طلبہ کو الجھن ہونے لگتی ہے اس لیے اشارات کو تدریس کی کنجی سمجھنا چاہیے۔ اردو تدریس کے اشارات کس طور پر تیار کر سکتیں ہیں۔ پھر بھی جن اقدامات کا اوپر ذکر کیا گیا ہے ان کا لحاظ رکھ کر مختلف جماعتوں کے لیے اسباق تیار کریں۔

تدریس قواعد

(Methods of Grammar Teaching)

ابتدائی اور ثانوی جماعتوں میں تدریس اردو میں قواعد کے پہلوؤں کو بھی واضح کرنا ہوتا ہے اور طلبہ کو اردو قواعد کے مختلف باتوں کو سمجھانا ضروری قرار دیا گیا ہے۔ سوال یہ پیدا ہوتا ہے کہ اردو تدریس میں قواعد کے پہلوؤں کو کس طرح سمجھایا جائے۔ ہمارے اردو کے معلمین اکثر قواعد کے پہلوؤں کو یا تو سمجھاتے نہیں یا انہیں خاطر خواہ نہیں سمجھاتے اور تختہ سیاہ پر چند قواعد کی اصطلاحات مثلاً اسم، فعل، صفت اور حروف وغیرہ کی تعریفیں لکھ دیتے ہیں اور طلبہ ان کو رٹ لیتے ہیں۔ اسی طرح واحد کی جمع اور متضاد الفاظ خود لکھ کر طلبہ کو ان کے نقل کرنے کی تاکید کردی جاتی ہے۔ غرض کہ اسکولوں میں قواعد کو خاطر خواہ نہیں سمجھایا جارہا ہے۔ اگر ہمارے معلمین قواعد کے پہلو خاطر خواہ طور پر سمجھادیں تو طلبہ کی نہ صرف تحریر بہتر ہوجائے بلکہ ان کو خیالات کے اظہار پر قدرت بھی حاصل ہوجائے اور ان کے فقرے جملے اور عبارت میں شائستگی اور سلیقہ پیدا ہوجائے۔

ذیل میں قواعد کے مختلف امور کو سمجھانے کے طریقہ کار کو مختصراً واضح کیا جارہا ہے۔

واحد جمع کیسے اخذ کی جائے (How to derive Singular and Plural)؟

۱- چیزوں کو چارٹ پر دکھا کر: ابتدائی جماعتوں میں واحد جمع اخذ کرنے کا بہتر

طریقہ یہ ہے کہ اس سلسلے میں چارٹ اور تصاویر استعمال کی جائیں چارٹس اور تصویروں میں واحد جمع کے لحاظ سے تعداد ظاہر کی جائے مثلاً لفظ شجر کی جمع اخذ کرتا ہے تو ایک چارٹ میں ایک درخت کی تصویر ظاہر کی جائے اور اس کے قریب ایک خانے میں کئی درختوں کی تصویر ظاہر کی جائے۔ اسی طرح شخص مکان، حیوان، پھل، عدد، شے، طفل، قلم، خط، سطر، ظرف اور مسجد وغیرہ جیسی چیزیں چارٹ پر بنائی جاسکتی یا دکھائی جاسکتی ہیں۔ تصویروں اور چارٹس کی مدد سے بخوبی واحد، جمع کی تفہیم اخذ کی جاسکتی ہے۔ درسی کتابوں میں بعض ایسے الفاظ ہوتے ہیں جن کی واحد جمع کا تصور تختہ سیاہ پر خاکوں اور شکلوں کے ذریعہ دیا جاسکتا ہے اس سلسلے میں معلم رنگین چارٹ استعمال کریں تو زیادہ بہتر ہوگا۔

۲-اصل چیزوں کا مظاہرہ کرکے: بعض واحد جمع کے اخذ کرنے میں جماعت جماعت میں زندہ اور اصلی چیزوں کو استعمال کیا جائے تو چھوٹے بچے بخوبی سمجھ جاتے ہیں اور ان چیزوں کو مظاہراتی طریقے سے واضح کیا جاسکتا ہے۔ مثلاً کتاب کی جمع اخذ کرنے کے لئے جماعت میں چند طلبہ سے کتابیں لی جائیں معلم اپنے ایک ہاتھ میں ایک کتاب لے کر یہ کہے کہ یہ ایک کتاب ہے پھر طلبہ سے واحد کے معنی اخذ کرکے اور اس جملے کو تختہ سیاہ پر لکھ دے اور پوچھے کہ اس جملے میں کون سی چیز واحد ہے؟ طلبہ جواب دیں گے کہ ایک کتاب واحد ہے۔ معلم اپنے دوسرے ہاتھ میں کئی کتابیں لے کر جمع کا جملہ لکھ کر دریافت کرے کہ اس جملہ میں کون سا لفظ کتاب کے جمع کو ظاہر کررہا ہے۔ طلبہ جواب میں کتب کہیں گے۔ اور پھر معلم واحد جمع کے کالم میں طلبہ کی مدد سے جمع کا لفظ لکھ دے اور اس طرح معلم متعدد ایسی چیزوں کی جمع اور واحد اخذ کرسکتا ہے جو بچوں کو دکھائی جاسکتی ہے اور ان کا مظاہرہ کرکے بتایا جاسکتا ہے۔ مثلاً ورق، صفحہ، شئے، خط، طالب، رقم اور تصویر وغیرہ۔

۳-جملوں میں استعمال کے ذریعے: اساتذہ واحد جمع کے صیغے براہ راست طلبہ

سے پوچھتے ہیں یہ تدریسی اصول کے منافی ہے۔اس کے لئے بہتر طریقہ یہ ہے کہ معلم تختہ سیاہ پر ایک جملہ واحد صیغے کا لکھے اس کے آگے واحد جمع کا کالم بنائے پہلے معلم واحد کے صیغے کے جملے پر سوال کرے کہ اس جملے میں کونسی شئی واحد ظاہر کی گئی ہے؟ طلبہ واحد شئے کو بتائیں گے پھر معلم دوسرا سوال کرے کہ واحد جمع کے کالم میں کس چیز کو واحد کے کالم میں تحریر کریں طلبہ جس لفظ کو بتائیں اس کو تختہ سیاہ پر بنے ہوئے واحد کے کالم میں تحریر کردیں۔ معلم پھر سوال کرے کہ دوسرے جملے میں کس لفظ سے جمع کا صیغہ ظاہر کیا گیا ہے؟ طلبہ جواب میں جمع کی شے یا لفظ کو واضح کریں گے۔ معلم پھر سوال کرے کہ اس لفظ کو ہم کس کالم میں لکھیں طلبہ بتائیں گے کہ وہ جمع کے کالم میں تحریر کردیا جائے۔ آخر میں نتیجہ اخذ کرلیا جائے کہ فلاں واحد لفظ کی جمع کیا ہوگی یا فلاں جمع کی واحد کیا ہوگی۔ طلبہ اس طرح بخوبی مختلف لفظوں کی واحد جمع سے واقف ہوجائیں گے۔ابتدائی جماعتوں میں یہ تین طریقے مفید ثابت ہوسکتے ہیں۔

ثانوی جماعتوں میں اگر طلبہ سے براہ راست مختلف چیزوں اور لفظوں کی واحد جمع دریافت کرکے اخذ کرلی جائے تو کوئی حرج نہیں ہے کیوں کہ اس تعلیمی منزل پر طلبہ کے پاس الفاظ کا بہت اچھا ذخیرہ ہوجاتا ہے اور وہ متعدد چیزوں کی واحد جمع سے آگاہ ہوجاتے ہیں لیکن ثانوی جماعتوں میں واحد جمع کے لفظوں کو جملے سازی میں استعمال کروایا جائے تو زیادہ بہتر ہے۔ ان سے کہا جائے کہ فلاں لفظ واحد ہے یا جمع، اس کا جملہ اس طرح بناؤ کہ صحیح مفہوم واضح ہوجائے۔ اگر ثانوی جماعتوں میں طلبہ واحد جمع بتانے سے قاصر رہیں تو معلم جملوں کے ذریعے واحد جمع اخذ کرے جس کے طریقے کی وضاحت اوپر دی گئی ہے۔

قواعد چونکہ ایک خشک مضمون ہے اس لیے اس کی تدریس میں ایسا طریقہ کار اختیار کرنا چاہیے جس سے طلبہ کی دلچسپی برقرار رہ سکے۔ قواعد سے طلبہ کی بیزاری کی ایک عام وجہ

یہ ہے کہ بعض اساتذہ چند بے ربط اصطلاحات طلبہ کے سامنے لاتے ہیں اوران کی تعریفیں یاد کرادیتے ہیں۔طلبہ امتحان یا معلم کی خوف سے یہ تعریفیں ازبر کر لیتے ہیں اور چند دن بعد بھلا دیتے ہیں۔قواعد کی تدریس کا مناسب طریقہ یہ ہے کہ نظم ونثر کی تدریس کے درمیان طلبہ کو وقتاً فوقتاً بعض مثالوں کے ذریعہ قواعد کی بعض اصطلاحات سے روشناس کرایا جائے اور جہاں تک ہوسکے خود طلبہ سے ان کی تعریفیں متعین کرائی جائیں۔اصطلاحات کو بندھے ٹکے الفاظ میں رٹا دینے سے کوئی فائدہ نہیں ہوتا۔مثالوں کے ذریعہ خود طلبہ کو اس بات کا موقع دینا چاہیے کہ وہ اپنے الفاظ میں اصطلاحات کی خصوصیات وتعریف بیان کریں گویا قواعد کی تدریس میں استخراجی طریقہ سے نہیں بلکہ استقرائی طریقے سے کام لیا جائے اور ترکیب کے بجائے تحلیل سے فائدہ اٹھایا جائے یعنی حروف سے شروع کرنے کے بجائے قواعد کی تدریس میں بھی جملوں اور جملوں کے اجزا سے مدد لینا چاہیے۔۔فاعل،مفعول، فعل،اسم،صفت،اورحرف جار وغیرہ کو بتدریج بتایا جائے یہ سارا کام علیحدہ درس کی صورت میں نہ کیا جائے بلکہ اردو کے عام درس میں جابجا ان کی طرف اشارے کیے جائیں۔

تدریس انشا

(Teaching of Composition)

تدریسی نظریات (Teaching Theories)

پڑھنا اور لکھنا سکھانے کے ضمن میں اس بات کا ذکر کیا جا چکا ہے کہ تحریر کا گفتگو سے ایک خاص تعلق ہے۔ اس طرح تحریر کا پڑھائی سے بھی گہرا رشتہ ہے۔ یعنی گفتگو ایک خاص تحریر بن جاتی ہے۔ اور تحریر پڑھائی کے لئے مواد فراہم کرتی ہے۔ لہذا زبان کے ایک باشعور استاد کا یہ فرمان ہوتا ہے کہ وہ گفتگو کی زبان اور تحریر کی زبان کے درمیان فاصلے کو کم کرے۔ یہ کوشش اس وقت بار آور ثابت ہو سکتی ہے جب استاد اس حقیقت سے بخوبی آشنا ہو، کہ بچہ اگر بولے ہوئے لفظ کی شناخت کرے تو پھر علامتوں میں اس کا اظہار آسان ہو جاتا ہے۔ اس سلسلے میں سب سے اہم نکتہ یہ ہے کہ استاد اپنے شاگردوں میں لکھائی کا صحیح رویہ پیدا کرے اور ان کی مناسب رہنمائی کرے۔

درس و تدریس کے ضمن میں تقریری و تحریری نشو و نما کے تمام مشاغل کا شمار انشاء میں کیا جاتا ہے اور انشاء کو اظہار خیال کا ایک ذریعہ تصور کیا جاتا ہے۔

اظہار خیال کے دو طریقے ہوتے ہیں ایک بول کر یعنی زبانی یا تقریری اور دوسرے لکھ کر یعنی تحریری۔ سہولیات کے خیال سے اور عام طور پر مستعمل ہونے کے لحاظ سے اس باب میں تحریری انشا کے بجائے محض انشا کا لفظ استعمال کیا گیا ہے۔

انشا کی عام طور پر تین صورتیں ہوتی ہیں یعنی تدریس عملی کے دوران استاد کو تین قسم کی انشا کا کام کرانا پڑتا ہے۔ پہلی قسم اس انشا کی وہ ہے جس سے روزمرہ کے کام میں استاد کو سابقہ پڑتا ہے۔ جب وہ اردو کی درسی کتاب پڑھاتا ہے تو ہر سبق کے آخر میں تھوڑا بہت تحریری کام بھی کراتا ہے۔ جیسے الفاظ کو جملوں میں استعمال کرانا یا جملے میں خالی جگہوں کو پُر کرانا یا کسی کہانی کا خلاصہ لکھوانا انشا کی اس قسم کو درسی انشا کا نام دیا جاسکتا ہے۔

انشاء کی دوسری قسم وہ ہے جس کے مطلق انشا کہا گیا ہے۔ اس کے تحت کسی مقررہ موضوع یا کسی خاص غرض سے تحریری طور پر اظہار خیال کرایا جاتا ہے۔ جیسے واقع نگاری یا مضمون نگاری یا خط نویسی اور درخواست نویسی وغیرہ۔

انشاء کی تیسری قسم ہے جس کا تعلق دیگر مضامین کی تعلیم سے ہوتا ہے مثلاً سماجی علوم یا عام معلومات کی کتاب پڑھتے وقت طالب علم نوٹ لیتا ہے یا سبق کا خلاصہ لکھتا ہے اس سے مضمون کی آموزش میں بہت مدد ملتی ہے۔ ابتدائی درجات میں اس طرح کے آزادانہ انشا کے نام کی گنجائش بہت کم ہوتی ہے۔

انشاء کے ان تمام مشاغل سے طالب علم میں تحریری نشوونما ہوتی ہے ایک طرف اس میں صحت وصفائی کے ساتھ اپنے مافی الضمیر کو ادا کرنے کی صلاحیت ہوتی ہے اور دوسری جانب اس کے ذریعے اس کے خیالات میں صفائی اور منطقی ربط پیدا ہوتا ہے اور وہ منطقی انداز میں غور وفکر کرنے کا عادی ہوجاتا ہے۔ ان خصوصیات کے باعث طالب علم کی اظہاری قوتوں کی نشوونما ہوتی ہے اور یہ اظہاری قوتیں طالب علم کی آئندہ زندگی میں علمی

ترقی کا وسیلہ بنتی ہیں انشا کے مشاغل کی تفصیل اس طرح ہے۔

نقل نویسی (Imitation Writing)

نقل نویسی انشا کا وہ عمل ہے جس کے تحت کسی عبارت کی نقل لکھی جاتی ہے اور لکھتے وقت اس بات کی کوشش کی جاتی ہے کہ صاف صاف اور بنا بنا کر لکھا جائے گویا ایک طرح سے یہ خوش خطی کا بھی عمل ہے، اس کی مشق سے طلبہ میں صاف صاف بنا بنا کر اور روانی کے ساتھ لکھنے کی عادت پیدا ہوتی ہے۔ نقل نویسی کے ذریعے جماعت کا کم وبیش یکساں معیار حاصل کیا جا سکتا ہے۔

نقل نویسی میں چونکہ عبارت کو دیکھ کر الفاظ کے ہجے پر غور کر کے اور ہجوں کا اعادہ کرتے ہوئے لکھا جاتا ہے اس لیے زیادہ مناسب ہوگا اگر ایسی عبارت کی نقل لکھوائی جائے جو بچے پڑھ چکے ہوں، پڑھے ہوئے اسباق میں بچوں کو زیادہ دلچسپی ہو سکتی ہے۔

نقل نویسی سے قبل اس سبق سے متعلق جس کی نقل لکھوانا مقصود ہے۔ بات چیت یا سوال وجواب کے ذریعے زبانی اظہار خیال ضروری ہے۔ نقل نویسی کے لئے ذہنی طور پر آمادہ کرانے کے بعد یہ اطمینان کر لینا چاہیے کہ طلبہ کے پاس لکھنے کا سامان اطمینان بخش ہے۔ عام طور پر نقل نویسی کے لئے وقت کا تعین نہیں کیا جاتا حالانکہ یہ بہت ضروری ہے تمام طالب علموں کو مقررہ وقت کے اندر نقل نویسی کا کام مکمل کر لینا چاہیے اس لیے کہ نقل نویسی کے مقاصد میں زود نویسی بھی ایک مقصد ہے۔

نقل نویسی کی اصلاح اجتماعی طور پر کی جائے تو مناسب ہوتا ہے۔ طلبہ کی کامیابی دیکھ کر استاد ان غلطیوں کی نشاندہی کر دیتا ہے جو عام طور پر سرزد ہوتی ہے پھر ان غلطیوں کو صحت املا کے ساتھ تختہ سیاہ پر لکھتا ہے اور طلبہ سے ان غلطیوں کی مشق کرواتا ہے۔ اس بات

کو بھی ذہن نشین رکھنا چاہیے کہ اس منزل پر غلطیوں کی مشق بھی اصلاح درکار ہوتی ہے استاد کو اس بات کا بھی اچھی طرح اطمینان کر لینا چاہیے کہ جن غلطیوں کی اصلاح کی گئی ہے ان کی مشق ٹھیک سے ہو گئی ہے۔

نقل نویسی کا کام گھر کے کام میں بھی شامل کیا جا سکتا ہے طلبہ سے کہا جا سکتا ہے کہ وہ گھر سے نقل لکھ کر لائیں اس نقل کی تصحیح اور مشق بھی انفرادی طور پر ہونی چاہیے۔

املا نویسی (Dictation Writing)

املا نویسی کے ذریعے طلبہ کی سمعی تربیت اس طرح کی جا سکتی ہے کہ وہ کسی جملے کو سن کر ذہن میں محفوظ رکھیں اور مقررہ وقت میں اپنی یادداشت سے بازیافت کر کے صحیح املا تحریر کر سکیں۔ املا کے ذریعہ نہ صرف ہجوں کی مشق کرائی جاتی ہے بلکہ ہجوں کی جانچ کا بھی اہتمام ہوتا ہے۔ یہ طلبہ کی ارادی توجہ کا بھی ایک اچھا ذریعہ ہے۔ بحیثیت مجموعی املا نویسی، سماعت، حافظے اور تحریر کے درمیان ہم آہنگی پیدا کرانے کا ایک موثر وسیلہ ہے۔ آئندہ زندگی میں نجی اور سماجی ضرورت کے تحت اس ہم آہنگی سے فائدہ اٹھایا جا سکتا ہے۔

املا نویسی کے سلسلے میں یہ اصول ہمیشہ ذہن نشین رکھنا چاہیے کہ املا نویسی کے لیے سبق سے جو حصہ منتخب کیا جائے وہ طلبہ کا پڑھا ہو اور نسبتاً آسان ہو بعض روایتی اساتذہ میں یہ رجحان پایا جاتا ہے کہ وہ املا بولنے کے لے مشکل عبارت کا انتخاب کرتے ہیں۔ یہ رجحان صحیح نہیں ہے۔ اور نہ ہی طلبہ کے لئے سود مند ہے املا بولنے کے لئے کتنی عبارت منتخب کی جائے اس کا تعین بھی ضروری ہے۔

املا نویسی کے لئے زیادہ بہتر صورت تو یہ ہوتی ہے کہ استاد ایک بار مجوزہ پارے یا عبارت کی بلند خوانی کر دے۔ طلبہ کی توجہ مرکوز کرانے کے لئے عبارت سے متعلق دو ایک

سوال پوچھے اس کے بعد املا نویسی کا اعلان کردے۔ لیکن املا نویسی کرانے سے قبل طلبہ کی طرزِ نشست اور آلاتِ تحریر کی نگرانی کر لینی چاہیے تاکہ طلبہ کو املا نویسی میں کوئی دقت نہ ہو۔

املا نویسی میں اصلاح کی کئی صورتیں ہو سکتی ہے ایک صورت تو یہ ہوتی ہے کہ استاد انفرادی طور پر طلبہ کی غلطیوں کی تصحیح کرے اور ان کی مشق کرائے۔ دوسری صورت یہ ہو سکتی ہے کہ طلبہ اپنی اپنی کتابوں سے خود اصلاح کریں۔ تیسری صورت یہ ہے کہ طلبہ آپس میں کاپیوں کا تبادلہ کرلیں اور رول اپ بورڈ پر لکھی ہوئی عبارت سے موازنہ کر کے غلطیوں کی تصحیح کرلیں۔ پھر انفرادی طور پر ان کی مشق کر ڈالیں۔ اصلاح کے دوران چند باتوں کو ملحوظ رکھنا چاہیے۔

۱- الفاظ اور حروف کی بناوٹ مکمل ہو۔ ان کے اندر شوشوں اور مراکز کا خیال رکھنا چاہیے۔ جیسے میں ک کا مرکز اس کے علاوہ ہائے مخلوط پر توجہ دینی چاہیے اس کی آنکھ کھلی رہنی چاہیے۔ جیسے چھرنا میں دوچشمی (ھ)۔

۲- املا کی صحت کے اعتبار سے ان الفاظ کے ہجے پر خصوصیت کے ساتھ نظر رکھنی چاہیے جن کی آوازوں کے لئے دو حروف استعمال کیے جا سکتے ہیں۔ مثلاً ثمر ث سے لکھا گیا ہوس سے نہیں۔

۳- سطریں سیدھی ہوں لفظوں کے درمیان فاصلہ مناسب ہو۔ پارہ بندی کی گئی ہو اور نشانات کا استعمال بھی کیا گا ہو۔ جیسے سوالیہ نشان

درخواست نویسی (Application Writing)

طلبہ کو چوتھی جماعت سے ہی درخواست نویسی کا آغاز کرایا جا سکتا ہے ہیڈ ماسٹر کے نام چھٹی کے درخواست یا فیس معافی کی درخواست لکھوائی جا سکتی ہے۔ درخواست نویسی کے دوران اس بات پر زور دینے کی ضرورت ہوتی ہے کہ عرض مدعا کے لئے کم سے کم

موزوں الفاظ کا انتخاب کیا جائے۔

درخواست نویسی کے لئے القاب وآداب کا خاص خیال رکھنا چاہیے۔ زیادہ اچھا ہو اگر استاد طلبہ میں درخواست نویسی کا شوق پیدا کرائے پھر ان سے بات چیت کر کے درخواست کا خاکہ تختہ سیاہ پر لکھ دے اور طلبہ سے تفصیلات پر کرنے کو کہے۔

خط نویسی (Letter Writing)

چوتھی جماعت سے ہی خط نویسی بھی کرائی جاسکتی ہے خط نویسی کے لئے طلبہ کو آمادہ کرنا ضروری ہے یہ آمادگی اس وقت پیدا ہوسکتی ہے جب طلبہ سے شوق انگیز گفتگو کی جائے اور خط نویسی کے لئے انہیں اکسایا جائے۔

خط نویسی کے لئے آمادگی پیدا کرنے کے بعد زبانی اظہار خیال کی منزل آتی ہے۔ بات چیت یا سوال وجواب کے ذریعے زبانی اظہار خیال کرایا جاسکتا ہے اس کے بعد نمونے کے خط کا خاکہ تختہ سیاہ پر لکھا جاسکتا ہے۔ خط کی تفصیلات طلبہ خود پر کرسکتے ہیں۔ اس طرح انہیں اظہارِ ذات کا بھی موقع مل سکتا ہے اور وہ خط لکھنے کی تکنیک سے بھی واقفیت پیدا کرسکتے ہیں۔ خط میں تاریخ، مقام، آداب والقاب، ابتدا، نفس مضمون، اختتام، بھیجنے والے کا نام اور لفافے پر پورا پتا درج کرنا ضروری ہوتا ہے۔

فارم کی خانہ پری (Filling up the Form)

طلبہ سے مختلف قسم کے فارم پُر کروائے جاسکتے ہیں۔ جیسے داخلے کا فارم، بس کے پاس کا فارم، راشن کارڈ، منی آرڈر فارم، لیکن فارم پُر کرانے کے سلسلے میں ایک عملی دشواری یہ پیش آتی ہے کہ اس کے فارم، راشن کارڈ، منی آرڈر فارم اردو میں نہیں چھپتے تاہم استاد تختہ سیاہ پر اردو میں نمونے کے فارم کی خانہ پری کراسکتا ہے۔

مضمون نویسی (Essay Writing)

ابتدائی سطح پر مضمون نویسی ممکن نہیں۔ تیسری جماعت میں اس کا آغاز کیا جاسکتا ہے لیکن اس کی بھی شکل مضمون نویسی کی نہیں ہوگی بلکہ سوال کے جواب کی شکل میں کچھ جملے لکھوائے جاسکتے ہیں۔ مثلاً ہمارے پالتو جانور کون سے ہیں؟ ان کی خاص پہنچان کیا ہے؟ ان کی خاص بولیاں کیا ہیں؟ ان کی خاص خاص عادتیں کیا ہیں؟ طلبہ کو یہ ہدایت ہونی چاہیے کہ وہ ان سوالوں کے جواب مکمل جملوں میں ترتیب کے ساتھ لکھیں۔ با قاعدہ مضمون نویسی کا آغاز چوتھی جماعت سے کیا جاسکتا ہے۔ لیکن شروع شروع میں ہلکے پھلکے بیانیہ مضامین لکھوانے چاہیں۔ مضامین کے موضوعات کا انتخاب کرتے وقت اس بات کا ضرور خیال رکھنا چاہیے کہ موضوع طلبہ کے ذاتی نمبر اور مشاہدے سے تعلق رکھتا ہے۔ اگر استاد انتخاب موضوع کے دران اس بات کا اطمینان کرے کہ جو موضوع منتخب کیا گیا ہے وہ طلبہ کی دلچسپی کا ہے تو یہ توقع کی جاسکتی ہے کہ انشا کی تدریس موثر ثابت ہوگی۔

موضوع کے انتخاب میں طلبہ کا بھی اشتراک حاصل کرلیا جائے تو زیادہ بہتر نتائج کی توقع کی جاسکتی ہے۔ انتخاب موضوع کے بعد دوسری اہم منزل زبانی اظہار خیال کی ہے۔ زبانی اظہار خیال سے تحریری اظہار خیال کا بہت گہرا تعلق ہے۔ یہ مسلمہ طور پر تسلیم کیا جاچکا ہے کہ تحریری اظہار سے قبل زبانی اظہار خیال ضروری ہے اس سے ایک بڑا فائدہ یہ ہوتا ہے کہ طالب علم کی قوت متخیلہ کی نشو ونما ہوتی ہے۔ اور پھر خیالات کو ادا کرنے کے لئے مناسب اور موزوں الفاظ کی جستجو ہوتی ہے۔ اس طرح خیال میں وسعت اور تحریری میں سہولت پیدا ہوتی ہے۔

مضمون نویسی کے دوران طلبہ کو اس بات کا خیال رکھنا چاہیے کہ مضمون کی ابتدا ایسے

پیرا یہ میں کرنی چاہیے جن سے موضوع کی جانب مناسب رہنمائی ہوتی ہو۔ مضمون کی مناسب تمہید اٹھانا مضمون نویسی کا ایک اہم حصہ ہے۔ تمہید کے بعد نفس مضمون کی منزل آتی ہے۔ اس منزل پر واقعات یا مشاہدات پیش کیے جاتے ہیں۔ اس موقع پر مختلف پہلوؤں کو الگ الگ پاروں میں تحریر کیا جاتا ہے۔ آخر میں اختتامیہ کلمات تحریر کیے جاتے ہیں اختتامیہ کی خوبی یہ ہونی چاہیے کہ ایک نظر میں مضمون کا خلاصہ سامنے آجائے۔

اصلاح (Corrections)

انشا کی اصلاح کا کام بہت صبر آزما ہوتا ہے۔ اس لیے کہ اس کے ذریعہ طلبہ کی ذہنی اور علمی اور ادبی نشو ونما ہوتی ہے تحریری اصلاح کا مقصد یہ ہونا چاہیے کہ بچوں کے بے ساختہ اظہار خیال میں رکاوٹ پیدا کیے بغیر تحریر کے نقائص کو دور کیا جائے اور انہیں اس بات کی تربیت دی جائے کہ وہ لکھتے وقت صحیح املا، جملوں کی صحیح ساخت اور عبارت کے ربط و تسلسل کو ملحوظ رکھیں۔

اصلاح انشا کے سلسلے میں ایک غلط رجحان یہ رائج ہے کہ اساتذہ اردو ایسی غلطیوں کو بھی انشا کی غلطی شمار کر لیتے ہیں جو دراصل انشا کی غلطی نہیں ہوتی۔ مثلاً بدخطی کو بھی انشا کی غلطی میں شمار کر لیا جاتا ہے۔

غلطی املا کی ہو سکتی ہے، اوقاف کی ہو سکتی ہے، قواعد کی یا الفاظ کے استعمال کی بعض طالب علم اچھے جملے لکھنے پر قادر ہوتے ہیں بعض اس کی اہلیت نہیں رکھتے۔ ابتدائی درجات میں اچھے جملے لکھنے پر طلبہ کی تحسین ضروری کرنی چاہیے۔ لیکن اس پر بہت زور نہیں دینا چاہیے کیوں کہ اس منزل پر تحریر کی بنیاد عبارتیں سکھانا انشا کا مقصد قرار دیا جاتا ہے اور یہ کام زبانی ہدایت سے نہیں ہو سکتا بلکہ انفرادی طور پر غلطیوں کی اصلاح اور مشق سے پورا ہو سکتا

ہے۔ مشق اور ریاضت کے بغیر خاطر خواہ کامیابی کا امکان نہیں ہے۔

بولنا (Speaking)

اردو تعلیم کے اہم اجزا ہیں بولنا، پڑھنا، لکھنا اور سننا، ماہرین تعلیم بالاتفاق اس بات کی سفارش کرتے ہیں کہ سب سے پہلے بولنے کی رغبت دلائی جائے کیونکہ زبان کا یہی ایک ایسا پہلو ہے کہ جس سے بچے آنکھ کھولتے ہی دوچار ہوتے ہیں وہ اپنے معاشرے اور گھر سے کچھ اور سیکھ کر آتے ہوں یا نہ آتے ہوں لیکن کسی نہ کسی معیار کا بولنا ضرور سیکھ کر آتے ہیں۔ بات یہ ہے کہ مدرسہ میں داخل ہونے سے پہلے وہ اپنے ماحول میں زبان کے جس شعبے کی سب سے زیادہ کارفرمائی دیکھتے ہیں وہ یہی بولتا ہے۔ چھ سات سال کی عمر تک گھر اور باہر کی فضا میں انہیں جس چیز کی حکمرانی نظر آتی ہے وہ صرف بولنا ہے۔ ماں، باپ، بھائی ،بہن ،دوست، دشمن ،رشتہ دار نوکر چاکر، پڑوسی، مہمان، راہ گیر، گداگر، دکاندار، خوانچہ بردار، چھوٹے ،بڑے ،بوڑھے، جوان، مرد ،عورت ، عالم، جاہل حتی کہ بعض جانور اور پرندے مثلاً کتا، بلی، طوطا، مینا تک سبھی کسی نہ کسی طور پر آواز لگاتے اور بولتے ہوئے نظر آتے ہیں۔ بچوں میں بولنے کی صلاحیت جبلی ہوتی ہے۔ یہ جبلی صلاحیت معاشرے کی اثر پذیری سے بہت دور روبکار آجاتی ہے اور بچے بہت جلد روزمرہ کی بول چال سے تھوڑی بہت واقفیت حاصل کر لیتے ہیں۔ اور یہی واقفیت بچوں کی دلچسپی بڑھاتا ہے اور یہی دلچسپی نہ صرف یہ کہ لکھنے اور پڑھنے کے مرحلے کو آسان کر دیتی ہے بلکہ آگے چل کر انہیں عالم زبان، شاعر، ادیب، انشاپرداز اور مقرر بننے میں مدد کرتی ہے۔ حقیقت یہ ہے کہ صحیح اردو بولنے پڑھنے اور لکھنے کا مدار بڑی حد تک صحیح اردو بولنے پر ہے۔ عام طور پر یہ دیکھا گیا ہے کہ لوگ جیسا بولتے ہیں ویسا ہی لکھتے ہیں، جنہوں نے تقریر یا بولنے کی مشق بہم پہنچائی ہے انہیں پڑھنے لکھنے میں چنداں دشواری پیش نہیں آتی۔ جو اثر و حسن ان کے زبانی اظہار خیال

میں نمایاں ہوتا ہے وہی پڑھنے یا لکھنے میں بھی کم و بیش برقرار رہتا ہے۔ مزید برآں بچوں کو بولنے کی مہارت ان کی سیرت و کردار کی تعمیر میں بھی مدد کرتی ہے۔ غرض بولنے کا عمل زبان کی تدریس میں نہایت مفید ہے۔ ہمیں عملی زندگی میں تقریر یا بولنے سے جس قدر سابقہ پڑتا ہے۔ اس قدر لکھنے پڑھنے سے واسطہ نہیں رہتا۔ غالباً یہی وجہ ہے کہ ماہرین تعلیم ابتدائی مدرسوں میں زبانی یا تقریری کام پر سب سے زیادہ زور دیتے ہیں اور بولنا سکھانے کو مقدم واہم خیال کرتے ہیں۔

بولنا سکھانے کا مقصد یہ ہے کہ بچوں کی کمزوریوں کو رفع کیا جائے اور انہیں صحیح تلفظ اور درست لب و لہجے کے ساتھ بات کرنے کا عادی بنایا جائے۔ صحیح تلفظ اور درست لب ولہجہ میں بولنے کا مفہوم یہ ہے کہ بچے جو کچھ بولتے ہوں، ش، ق کی درستگی کے ساتھ بہت واضح اور صاف بولتے ہوں، حروف والفاظ اور مرکبات آواز میں صحیح مخرج سے نکالتے ہوں، الفاظ کا تلفظ لغت اور روزمرہ کے مطابق ادا کرتے ہوں، بات کرنے میں مناسب آواز و رفتار کو ملحوظ رکھتے ہوں، جو کچھ بولتے ہوں سوچ سمجھ کر بولتے ہوں اور بولنے میں زیادہ دقت نہ لیتے ہوں جو کچھ بچے بولتے ہوں وہ بے معنی اور مبہم نہ ہوں بلکہ واضح اور بامعنی ہو۔ الفاظ ومحاورات کا استعمال درست ہو، فقروں کی ساخت اور جملوں کی بناوٹ قواعد و روزمرہ کے مطابق ہو، آواز ایسی مناسب و موزوں ہو کہ سننے والے آسانی سے سُن سکیں، سمجھ سکیں، اور لطف اندوز ہو سکیں۔ بچے جو کچھ بول رہے ہوں خوداعتمادی اور آزادی سے بول رہے ہوں۔ اپنی گفتگو کو موثر بنانے کے لئے ضروری حرکات وسکنات سے بھی کام لیتے ہوں اور اظہار خیال کے بعد وہ خوشی اور طمانیت بھی محسوس کرتے ہوں، جو اپنی پوری بات دوسروں تک پہنچانے کے بعد انسان کو میسر آتی ہے۔ یہ چند چیزیں مدرسوں میں بولنا سکھانے کے لئے معیار کا تعین کرتی ہیں اور اسی معیار کا حصول دراصل بولنا سکھانے کا عین

مقصد ہے۔

صحیح اردو بولنا سکھانے میں اردو کے معلم کا بڑا دخل ہوتا ہے۔ معلم ہی کی توجہ اور دلچسپ تدریس کی بدولت بچوں میں موثر انداز میں اردو بولنے کے ساتھ اردو مطالعہ کا مستقل شوق پیدا ہوتا ہے اور معلم ہی کی بے قرینہ تدریس اور عدم توجہی کے سبب وہ اردو زبان سے بیزاری محسوس کرنے لگتے ہیں۔ اس لئے معلم کو اپنے لب ولہجہ کی طرف بھی توجہ رکھنی چاہیے۔ بچوں کے سامنے بولنے میں خاص احتیاط سے کام لینا چاہیے جن الفاظ کا تلفظ واستعمال میں شبہہ ہو پہلے ان کی تصدیق کر لینی چاہیے اور اس کے بعد تقریر وتحریر میں ا ستعمال کرنا چاہیے اس لئے نہایت ضروری ہو جاتا ہے کہ معلم ہمیشہ مصدقہ ومروجہ تلفظ اور موثر لب ولہجہ کے ساتھ بچوں سے ہم کلام ہو اور دانستہ یا نادانستہ زبان وبیان کی ایسی غلطیاں نہ کرے جن کی تقلید بچوں کی زبان دانی میں حارج ہو سکتی ہو۔

اس سلسلے میں ایسی تدریسی طریقوں کا انتخاب بھی مفید ہوگا جن میں بچوں کو زیادہ سے زیادہ بولنے کے مواقع ملتے ہیں۔ اس کے لئے ''منصوبہ بندی'' اور کھیل کھیل میں تعلیم کے اصول خاص طور پر مددگار ہو سکتے ہیں۔ منصوبہ بندی طریقہ تدریس میں چونکہ بچے اپنے ہم جولیوں اور ہم جماعتوں کے ساتھ مل جل کر بیٹھتے ہیں اور کام کرتے ہیں اس لئے باہم بات چیت اور تبادلہ خیال کا جیسا انہیں اس میں موقع ملتا ہے وہ جماعت میں نصیب نہیں ہوتا۔ کھیل کھیل میں تعلیم کا طریقہ کار اس سے بھی زیادہ کارآمد ثابت ہوگا، کھیل سے دلچسپی لینا بچوں کی فطرت ہے۔ کھیل میں وہ جیسی آزادی وخوشی محسوس کرتے ہیں وہ کسی اور کام میں محسوس نہیں کرتے۔ کھیل میں چونکہ معلم کی شخصیت کم سے کم دخیل ہوتی ہے اور سارا عمل خود بچے کرتے ہیں اس لئے انہیں اپنے ساتھیوں میں بے جھجک ہو کر زیادہ بے تکلفی اور بے باکی سے ہنسنے بولنے کا موقع ملتا ہے۔ وہ جو کچھ کہنا چاہتے ہیں جوش وخروش اور آزادی سے

کہتے ہیں رفتہ رفتہ ان کے ذہن سے خوف یا جھجک نکل جاتی ہے اور وہ رواں اردو بولنے کی مشق بہم پہنچا لیتے ہیں اور پھر انہیں جماعت یا جماعت کے باہر کہیں بھی بولنے میں کوئی تکلف نہیں ہوتا۔

بولنا سکھانے کے سلسلے میں ضرورت اس بات کی بھی ہے کہ تقریری یا زبانی کام کو ابتدائی مدرسوں کے نصاب میں خاص اہمیت دی جائے۔ زبانی اظہار خیال کو بچوں کے امتحانات کا ایک جزو قرار دیا جائے۔ باہم گفتگو اور بات چیت کے لئے الگ گھنٹے مقرر کیے جائیں اور تدریسی عمل میں بچوں کو زیادہ سے زیادہ زبانی اظہار خیال یا تقریری مشق کا موقع دیا جائے۔ اس کے لئے مختلف طریقے اختیار کیے جا سکتے ہیں مثلاً ایسے تدریسی کھیلوں کا انتخاب کیا جائے جس میں بولنے کی زیادہ سے زیادہ ضرورت پیش آئے۔ انہوں نے اپنے محبوب مشغلوں اور چیزوں پر اظہار کا موقع دیا جائے اور تسلی بخش جوابات کے ذریعے ان کی ہمت افزائی کی جائے، عام تدریس میں زیادہ بولنے یا سب کچھ بتا دینے کی کوشش نہ کی جائے بلکہ درمیان درمیان مناسب سوالات کے ذریعے ہر بچے کو جواب دینے یا بولنے کا انفرادی موقع دیا جائے۔ کہانی کے بعض اجزا انہیں بتا دیے جائیں اور بعد ازاں کہانی مکمل کر کے سنانے کو کہا جائے۔ تصویری کہانیاں اس سلسلے میں اور مفید ہوں گی۔ تصویروں پر معلم سوال کرتا رہے اور بچے جوابات کے ذریعہ کہانی مکمل کرتے چلیں۔ یہ بھی ہو سکتا ہے کہ بچے اپنی پسند کی کہانیاں سنائیں یا تصویری کہانیوں کو خود مکمل کر کے پیش کریں۔ نظم خوانی اور نغموں سے بھی بچوں کو بڑی دلچسپی ہوتی ہے یہ چیزیں بولنا سکھانے میں مدد دے سکتی ہیں پہلے بچوں کے سامنے نظم پڑھ کر سنائی جائے یا پھر ان سے اسی نظم کو دہرانے کو کہا جائے۔ نظم خوانی کا مشغلہ انفرادی اور اجتماعی دونوں طریقوں سے مفید ہو سکتا ہے۔ بچے الگ بھی گا سکتے ہیں اور کئی بچے مل کر ترانے کی شکل میں پڑھ سکتے ہیں۔ قصہ گوئی اور بیت بازی کے مقابلے

بھی معاون ہوسکتے ہیں۔ بچے چونکہ دوسروں کی نقل اتارنے اور آواز نکالنے میں بڑی دلچسپی لیتے ہیں۔ اس لئے مکالمے، ڈرامے اور نظمیں بولنا سکھانے میں سب سے زیادہ کارآمد ہوں گی۔ اسی کے ساتھ اگر یہ بھی کیا جائے کہ بچوں سے کبھی ان کی نجی زندگی ان کی دلچسپیوں اور مشغلوں کے متعلق بات چیت کی جائے یا ان سے اپنے گھروں کی روزانہ اہم ضروری سنانے اور زبانی پیغام دوسروں تک پہنچانے کا موقع دیا جائے تو وہ بہت جلد بولنے میں مہارت حاصل کر سکتے ہیں۔ لیکن اس عمل میں اس بات کا خاص لحاظ رکھا جائے کہ بچوں کی غلطیاں ان کے بولنے کے دوران فوراً درست نہ کی جائیں یہ اصلاح ان کے لیے بڑا حوصلہ شکن ہوگی۔ ان کی غلطیاں انفرادی یا اجتماعی طور پر باتوں باتوں میں اس طرح درست کی جائیں کہ بچوں کو ان کا احساس کم سے کم ہونے پائے۔

پڑھنا (Reading)

پڑھنا اور لکھنا زبان کی تعلیم کے سب سے اہم اجزا ہیں بغیر ان کے تدریس کا کوئی مقصد پورا نہیں ہوسکتا۔ جہاں تک بولنے کا تعلق ہے ہر بچے میں اس کی فطری صلاحیت ہوتی ہے۔ یہ صلاحیت ماحول کے زیر اثر خود بخود عمل میں آجاتی ہیں۔ چنانچہ بعض ایسے بچے مل جائیں گے جو پڑھنے لکھنے سے نا آشنا ہونے کے باوجود خاصی صاف ستھری اور رواں اردو بولتے ہیں لیکن پڑھنے اور لکھنے کی نوعیت اس سے مختلف ہے۔ یہ چیزیں دراصل اکتسابی ہیں۔ ان کے حصول کے لئے شعوری توجہ اور کوشش کی ضرورت ہے۔ جب تک ان کے سیکھنے سکھانے کا خاص اہتمام نہ کیا جائے کوئی بچہ صرف اپنے ماحول کے اثر سے پڑھنے لکھنے کے فن سے کماحقہٗ واقف نہیں ہوسکتا۔ انہیں دونوں چیزوں کی تدریس کے لئے دراصل رسمی تعلیمی ادارہ یعنی مدرسہ وجود میں لایا گیا ہے اور جب تک کوئی شخص بولنے کے ساتھ لکھنے اور پڑھنے میں مشق و مہارت نہ حاصل کر لے اسے تعلیم یافتہ نہیں کہا جا سکتا۔

زبان کی تدریس میں پڑھنے کا فن بعض وجوہ سے لکھنے سے زیادہ اہم خیال کیے جانے کے لائق ہے۔ بات یہ ہے کہ جب تک کوئی بچہ کم و بیش پڑھنے سے آشنا نہ ہو اسے لکھنا سکھانا بہت مشکل ہے۔ پڑھنے کا عمل چونکہ لکھنا سکھانے میں براہ راست مدد کرتا ہے۔ اس لیے ماہرین تعلیم نے اردو زبان کی تدریس میں لکھنا سکھانے سے پہلے پڑھنا سکھانے کی سفارش کی ہے۔ حقیقت یہ ہے کہ پڑھنا ہی آگے چل کر مطالعہ کا ذریعہ بنتا ہے۔ یہ زبان کی تدریس کا سرچشمہ ہے بغیر اس کے علم میں وسعت و گہرائی پیدا نہیں ہوتی۔ بچوں میں اردو کی مطالعے کا مستقل شوق پیدا کرنا اور ماضی کی علمی وادبی سرمایہ سے استفادہ کرنے کی صلاحیت کو ابھارنا زبان کی تدریس کا نہایت اہم مقصد ہے۔ یہ مقصد اس وقت حاصل ہوسکتا ہے کہ بچے پڑھنا جانتے ہوں اور اس معیار کا پڑھنا جانتے ہوں کہ اسلاف کے تحریری کارناموں سے پورا فائدہ اٹھا سکتے ہوں۔ چنانچہ جس نے اپنے اندر پڑھنے کی صلاحیت پیدا کرلی ہے یہ سمجھنا چاہیے کہ اس نے اپنے اوپر علم کے دروازے کھول لیے ہیں اور ہر قسم کی تعلیم کی مشکل سے مشکل منزلیں بڑی آسانی سے طے کرے گا۔

بولنے اور پڑھنے میں چونکہ گہرا تعلق ہے۔ اس لیے بچوں کے پڑھنے میں بھی عموماً اسی قسم کی کمزوریاں نظر آئیں گی جن کا ذکر بولنے کے سلسلے میں کیا جاچکا ہے۔ رہا یہ سوال کہ بعض بچے پڑھنے میں کیوں کمزور ہوتے ہیں اس کے جواب میں ماہرین تعلیم نے ذیل کے چند اسباب بیان کیے ہیں۔

۱- یہ بچے اکثر ایسے گھرانوں سے تعلق رکھتے ہیں جو ذہنی طور پر بہت پسماندہ ہوتے ہیں اور وہ اپنے بچوں کو کسی قسم کی ذہنی تربیت نہیں دے سکتے۔

۲- بار بار مدرسہ تبدیل کرنے کی وجہ سے تدریس کا تسلسل ٹوٹ جاتا ہے اور بچے تدریس سے پورا فائدہ نہیں اٹھا پاتے۔

۳- مدرسے سے اکثر غیر حاضر رہنے کی وجہ سے بعض بچے اردو کے نہایت ضروری اسباق و اقدامات سے محروم ہو جاتے ہیں اور پھر اس کی تلافی نہیں ہو پاتی۔

۴- بعض بچے اعصابی کمزوریوں میں مبتلا ہوتے ہیں اور بروقت علاج نہ ہونے کی وجہ سے ان کی یہ کمزوریاں پڑھنے کے عمل میں مستقل خارج رہتی ہیں مثلاً بعض بچے قوت مشاہدہ یا بصارت کی کمزوری کی وجہ سے حروف کے اجزا کو الگ الگ پہچانتے ہیں اور متحد الصورت حروف کی آواز پہچاننے سے قاصر رہتے ہیں۔

۵- طریقۂ تدریس کے پے در پے تبدیلیوں یعنی بچوں کو چند دن عام ابتدائی مدرسہ میں چند دن کسی خاص مدرسہ میں چند دن کسی کندرگارن اور چند دن کسی مانٹسوری طرز کے مدرسے میں رکھنے سے یہ ہوتا ہے کہ وہ کسی مخصوص و مستقبل لب و لہجے سے مانوس نہیں ہو پاتے۔

۶- کسی خاص طریقۂ تدریس کی سخت پابندی بھی بعض بچوں کے لے غیر دلچسپ ہوتی ہے مثلاً بعض بچے حروف تہجی کی مدد سے پڑھنے میں جلد کمال حاصل کر لیتے ہیں اور بعض جملہ داری طریقوں سے جلد پڑھنے میں مہارت پیدا کر لیتے ہیں۔

۷- بعض بچے بہت کم سن ہوتے ہیں ان کو قبل از وقت یعنی کسی قسم کی دلچسپی پیدا ہونے سے پہلے پڑھنا سکھانا شروع کر دیا جاتا ہے۔

۸- پڑھنا ایک سنجیدہ عمل ہے اس کے لئے جس قسم کے ذہن و ادراک اور عضویاتی شرکت کی ضرورت درکار ہے بعض بچوں میں نہیں ہوتی۔ یعنی ان میں زبان ہلانے لبوں کو ملانے، حلق سے آواز نکالنے، حروف کے اجزا اور ان کی سالم صورتوں پہچاننے کی صلاحیت دوسروں کے مقالے میں کم ہوتی ہے۔

۹- بعض بچوں کا حافظہ کمزور ہوتا ہے۔ اس لیے وہ سابقہ معلومات سے کوئی فائدہ

نہیں اٹھا پاتے۔

۱۰- کچھ بچے نہایت شرمیلے اور احساس کمتری کا شکار ہوتے ہیں۔ کچھ عدم اعتماد اور خوف و ہراس میں مبتلا ہوتے ہیں۔

۱۱- بعض معلمین کے پڑھنے میں ایسی کمزوریاں ہوتی ہیں کہ ان کی مثالی قرأت بچوں کی صحیح رہنمائی نہیں کر سکتی۔

۱۲- تدریس دلچسپ اور موثر نہ ہونے کی وجہ سے بعض بچے درس کی طرف خاطر خواہ توجہ نہیں دیتے۔

۱۳- انہیں جو کچھ پڑھایا جاتا ہے اس کی مشق پوری طرح نہیں کرائی جاتی۔

۱۴- پڑھنا سکھانے کے سلسلے میں اس محنت اور توجہ سے کام نہیں لیا جاتا جو ابتدائی مدرسوں کے لئے ضروری ہے۔

۱۵- پڑھنا سکھانے سے پہلے بچوں سے زبانی کام کی بھرپور مشق نہیں کرائی جاتی اس لیے وہ حرف وصوت کا احساس یا مختلف آوازوں میں فرق قائم نہیں کر سکتے۔

ان سارے اسباب کو نظر میں رکھ کر ہر بچے کی انفرادی کمزوریوں کو دور کرنے کی تدبیریں نکالنا اور بچوں کو بحیثیت مجموعی موثر اور صحیح قرات کے ڈھب پر لگانا مدرسہ اور معلم دونوں کا مشترکہ فرض ہے۔ موثر صحیح پڑھنا سکھانے سے کیا مراد ہے۔ جہاں تک ابتدائی اور ثانوی مدرسوں میں بچوں کے پڑھنے کے معیار و مقدار کا تعلق ہے اس کی تفصیل اردو تدریس کے مقصد و معیار کے باب میں دی جا سکتی ہے۔ اس بات پر البتہ غور کرنا ہے کہ اردو میں پڑھنا سکھانے کے لئے کون سا طریقہ کار اختیار کرنا چاہیے قبل اس کے کہ ہم کسی خاص

اصول یا طریقہ تدریس کی تفصیل میں جائیں اس بات کا دہرانا بہت ضروری ہے کہ مدرسے کی جس خوش گوار فضا۔ معلم کی جس شفقت و محبت، نصاب کی جس جامعیت و جاذبیت اور تربیت و اصول تعلیم کی جس بیرون کو بولنے کے سلسلے میں ضروری قرار دیا گیا ہے۔ پڑھنا سکھانے میں بھی ان کا لحاظ رکھنا لازمی ہے۔ یوں پڑھنا سکھانے میں ہمارے یہاں بالعموم دو طریقوں سے کام لیا جاتا ہے۔ ایک ترکیبی طریقہ اور دوسرا تحلیلی طریقہ۔

ترکیبی طریقہ (Formative Method)

یہ طریقہ پڑھنا سکھانے کا قدیم مشرقی طریقہ ہے، اس میں بچے کو پہلے حروف تہجی سکھائے جاتے ہیں یعنی الف سے لیکری تک کے حروف کا بتدریج تصور دلایا جاتا ہے جب سارے حروف بچوں کے ذہن نشین ہو جاتے ہیں تو انہیں اعراب یعنی زبر زیر اور پیش کی طرف مائل کیا جاتا ہے پہلے تمام حروف پر زبر دے کر پھر زیر اور پیش دے کر بچوں سے پڑھوانے کی مشق کرائی جاتی ہے۔ اعراب کی شناخت کے بعد دو حرفی سادے الفاظ مثلاً جب تب کم وغیرہ کی قسم کے الفاظ سامنے لائے جاتے ہیں بعد ازاں سہ حرفی و چہار حرفی بتدریج پڑھائے جاتے ہیں یہ سارا عمل ہجے کے ذریعے ہوتا ہے۔ بچے معلم کی مدد سے ہر لفظ کو ہجے کے ذریعہ پڑھنے کی کوشش کرتے ہیں۔ رفتہ رفتہ وہ اتنی مشق بہم پہنچا لیتے ہیں کہ وہ اس کی مدد سے نئے الفاظ و عبارت کسی کی مدد کے بغیر پڑھنے لگتے ہیں۔ چونکہ اس طریقہ میں الف سے ی تک سارے حروف تہجی ترتیب کے ساتھ ہجے لگوا کر پڑھایے جاتے ہیں اس لیے اس طریقہ کو الف بائی یا تہجی طریقہ بھی کہہ سکتے ہیں۔

اردو کی تدریس میں یہ طریقہ صدیوں سے رائج ہے اور آج بھی بعض معلمین اس طریقہ کار کو پسند کرتے ہیں اس سے بڑا فائدہ یہ ہوتا ہے کہ حروف کی سالم شکلیں اور ان کے اجزا پوری طرح بچوں کے ذہن نشین ہو جاتے ہیں حروف کے مختلف جوڑوں اور شوشوں کی

شناخت بچے آسانی سے کر لیتے ہیں انہیں پڑھنے کے ساتھ ساتھ لکھانا بھی شروع کرایا جا سکتا ہے اور معلم بغیر کسی خاصی تیاری یا محنت کے درس دے سکتا ہے۔ بچے کی مدد سے بچے کچھ دنوں بعد نئے الفاظ پڑھنے لگتے ہیں اس طرح ان کے ذخیرہ الفاظ میں بڑی تیزی سے اضافہ ہونے لگتا ہے۔ بچے تلفظ یا املا کی غلطیاں بہت کم کرتے ہیں اور انہیں لکھنا سکھانے میں کچھ زیادہ دقت زیادہ نہیں ہوتی۔

تحلیلی طریقۂ تدریس (Assimilative Methods of Teaching)

اس طریقہ تدریس میں بچوں کی دلچسپی کا لحاظ رکھ کر سب سے پہلے کوئی مختصر کہانی یا عبارت پڑھوائی جاتی ہے۔ کہانی ذہن نشین کرانے کے بعد ان کی توجہ کہانی کے اجزاء یعنی جملوں اور فقروں کی طرف مبذول کرائی جاتی ہے پھر جملے کے اجزا کیے جاتے ہیں اور ہر لفظ سے الگ الگ روشناس کرایا جاتا ہے۔ بعد ازاں ہر لفظ کو حرف میں تقسیم کر کے ہر حرف کو انفرادی صورت و آواز کا تصور دلایا جاتا ہے۔ گویا اس طریقہ تدریس میں ایک مرکب یا مکمل چیز کو بتدریج ٹکڑوں یا اجزاء میں حل کرتے جاتے ہیں اسی لئے اس کو ترکیبی طریقہ کے برعکس تحلیلی طریقہ کہتے ہیں۔ کہانی کے بجائے صرف جملوں یا لفظوں کی مدد سے بھی تعلیمی طریقہ تدریس کو اپنایا جا سکتا ہے۔ اس صورت میں اسے جملہ واری یا لفظ واری طریقہ کا نام بھی دے سکتے ہیں مثلاً ''حامد قلم لایا'' یہ ایک جملہ ہے۔ پہلے اس جملے کو کسی چارٹ یا تختہ سیاہ یا مختلف قسم کی تختیوں یا تصویروں کی مدد سے بچوں بچوں کے ذہن نشین کرایا جائے۔ پھر اس جملے کو ''حامد''، ''قلم'' اور ''لایا'' تین ٹکڑوں میں تقسیم کر کے ہر لفظ کو علیحدہ علیحدہ پڑھوایا جائے۔ پھر ہر لفظ کے اجزا کیے جائیں اور انفرادی حروف ح، ا، م، د، وغیرہ کا تصور دلایا جائے اور ان کی انفرادی آوازوں کی الگ الگ مشق کرائی جائے۔

بعض لوگ ترکیبی و تحلیلی دونوں طریقوں سے ایک ساتھ مدد لینے کی سفارش کرتے

ہیں اور اس کا نام مخلوط طریقہ رکھتے ہیں۔ یہ طریقہ ترکیبی طریقے کو تحلیل طریقے کے قریب لے آتا ہے اور اس میں شبیہ نہیں کہ درس کو دلچسپ اور مفید بنانے میں اس سے بڑی مدد ملتی ہے لیکن اگر ہمارے معلمین اردو پڑھانے میں محنت و توجہ سے کام لیں تو پڑھنا سکھانے کے لئے تحلیلی طریقہ سب سے زیادہ مفید ثابت ہوسکتا ہے کہانی یا پوری عبارت کے ذریعہ نہ سہی لفظ و جملہ سے ایک ساتھ مدد لے کر پڑھنا سکھانے کے عمل کو آسان اور تیز تر بنایا جاسکتا ہے اور بچے روز اول سے اردو زبان سے دلچسپی کا اظہار کرنے لگتے ہیں۔

اس طریقہ کی عملی صورت یہ ہے کہ سب سے پہلے بچوں کو حروف علت (Vowels) وغیرہ کی مختلف آوازوں اور حرکتوں کا احساس دلایا جائے مثلاً پہلے تصویروں کی مدد سے تالا مالا باجا کے قسم کے دو تین الفاظ ان کے سامنے لائے جائیں چونکہ بچے ان الفاظ سے مانوس ہوں گے اس لئے تصویروں کی مدد سے ان الفاظ کو پڑھ لینے میں انہیں کوئی دشواری نہیں ہوگی۔ مختصر یہ کہ ہر حرف کے لئے یہی طریقہ اختیار کیا جائے اور بچوں کو فقروں کی مدد سے ان کی مختلف صورتوں کا تصور دلایا جائے اس سلسلے میں چند ایسے الفاظ جن سے انہیں رات دن واسطہ پڑتا ہے اور جنہیں وہ سنتے بولتے رہتے ہیں براہ راست پڑھایے جاسکتے ہیں جیسے 'یہ' 'ہے' وہ وغیرہ ان الفاظ کی مدد سے پڑھے ہوئے الفاظ سے فقرے بنانے میں سہولت پیدا ہوگی اور بچے پڑھنے میں جلد روانی پیدا کرلیں گے۔ چونکہ اردو کی ابتدائی کتابیں بھی اسی طریقہ تدریس کا لحاظ رکھ کر تیار کی جاتی ہیں اس لئے معلموں کی ذاتی توجہ اور محنت سے یہ طریقہ نہایت مفید ہوسکتا ہے۔

لکھنا (Writing)

ذہن انسانی کے سارے علمی و ادبی کارنامے جو آج تک ہماری رہنمائی کررہے ہیں تحریری صورت میں ہیں۔ اگر ہمارے اسلاف لکھنے کے فن سے واقف نہ ہوتے تو ہم ان کی

ایجادات وتخلیقات اور خیالات وافکار سے فائدہ نہ اٹھا سکتے۔ یہ تحریر ہی کی برکت ہے کہ آج مختلف علوم وفنون کی بے شمار کتابیں موجود ہیں اور زندگی کے ہر شعبے میں ہماری مدد کر رہی ہیں تعلیم کا اہم مقصد بچوں کو اچھا شہری بنانا ہے اور اچھا شہری بنانے کا مقصد یہ ہے کہ آج کے بچے کل کے بلند پایہ مفکر، سیاست داں، شاعر، مصنف، مورخ، سائنس داں، ماہر تعلیم، ڈاکٹر، قانون داں اور انجینیئر بن سکیں اس لئے نہایت ضروری ہے کہ انہیں لکھنا سکھایا جائے تا کہ وہ بڑے ہو کر اپنے اسلاف کی طرح اپنے علمی وادبی کارناموں کو کتابی صورت میں محفوظ کر جائیں اور آنے والی نسلیں ان سے فائدہ اٹھا سکیں۔ اس اہم مقصد سے قطع نظر ہماری روز مرہ کی زندگی بھی تحریری کاموں سے گہرا تعلق رکھتی ہے۔ نجی معاملات، سیاسی امور درس وتدریس، تجارت اور ملازمت ہر شعبے میں لکھنے سے واسطہ پڑتا ہے۔ سچ بات تو یہ ہے کہ جو شخص لکھنا نہیں جانتا وہ آج کی دنیا میں نہ تو خود کوئی ترقی کر سکتا ہے اور نہ ہی اپنی ذات سے ملک وقوم کو فائدہ پہنچا سکتا ہے اسی لئے تو آج کل کے بعض ماہرین تعلیم پڑھنا اور لکھنا دونوں کو ایک ساتھ سکھانے کی سفارش کرتے ہیں پھر بھی اگر پڑھنا سکھانے کے چند دن بعد لکھنا سکھایا جائے تو کوئی حرج نہیں ہے۔ بلکہ اس سے لکھنا سکھانے میں قدرے آسانی ہو جاتی ہے، غرض لکھنا زبان کی تدریس کا نہایت اہم جزو ہے اس سے صرف یہی نہیں کہ زبان کی تدریس کو عملی شکل دینے اور دلچسپ بنانے میں مدد ملتی ہے بلکہ اس فن کی مدد سے سارے مضامین کا درس کھیل کھیل میں دیا جا سکتا ہے۔ لکھنے میں چونکہ خود اپنے ہاتھوں سے آزادانہ کام کرنے کا موقع ملتا ہے۔ اس لیے بچے اس میں دلچسپی بھی لیتے ہیں اور خوشی بھی محسوس کرتے ہیں۔ تحریری کام بچوں کی ذہنی نشو ونما میں بھی بہت مدد کرتا ہے۔ لکھنے میں جس غور وفکر سے کام لینا پڑتا ہے بولنے یا پڑھنے میں اسکی ضرورت نہیں رہتی پھر لکھنے میں چونکہ بچوں کے ہاتھ کام نہیں کرتے بلکہ ان کے لب زبان، تالو، نظر ذہن اور دوسرے حواس واعضا سبھی کسی نہ کسی طور پر شریک رہتے ہیں اس لیے سبق کو آسانی سے ذہن نشین کرنے اور اپنی شخصیت کو بھر

پورا ابھارنے کا جو موقع تحریری کاموں میں ملتا ہے وہ کسی اور طرح ممکن نہیں ہے۔

''پڑھنا'' کی طرح ''لکھنا'' سکھانے کے بھی مختلف طریقے مروج ہیں۔ ان میں مانٹسوری طریقہ، پستانوری کا طریقہ، ترکیبی یا الف یائی طریقہ، تحلیلی طریقہ اور مخلوط طریقہ خاص طور پر قابل ذکر ہیں۔

سننا (Listening)

گھر ہو یا مدرسہ ہر جگہ بچہ کچھ نہ کچھ سنتا رہتا ہے اور سننے کا یہ عمل شب و روز جاری رہتا ہے چونکہ سننے سے بولنے اور سمجھنے کا گہرا تعلق ہے اس لیے زبان کی تعلیم میں اس کی اہمیت اور بڑھ جاتی ہے، لہذا مدرسے کے پروگرام میں سننے کی باقاعدہ تربیت پر خصوصی توجہ دینے کی ضرورت ہے سننے کا عمل ایک ایسا عمل ہے جس کے ذریعہ بولنے والے کے احساسات جذبات اور خیالات کی ترسیل ہوتی ہے۔ عام زندگی میں سننے کا عمل ایک انفعالی کیفیت کا نام ہے لیکن اگر کسی خاص مقصد کے پیش نظر یکسوئی کے ساتھ سنا جائے تو یہ ایک فعال عمل ہوسکتا ہے مثلاً کسی خاص مقصد کے پیش نظر مواد فراہم کرنے کے لئے ریڈیو سنا یا جاسکتا ہے۔ یا ٹیلی ویژن کے ذریعہ مطلوبہ معلومات حاصل کی جاسکتی ہیں۔ کبھی کبھار محض لطف اٹھانے کے لئے سماعت کا پروگرام بنایا جاسکتا ہے۔ بچوں کو ریڈیو سے کوئی کہانی سنائی جاسکتی ہے یا دادی، نانی اماں سے کوئی کہانی سنی جاسکتی ہے بچے عام طور پر کہانیاں شوق سے سنتے ہیں۔

غرض سماعت ایک ایسا عمل ہے جس سے ہر بچے کو ہمہ وقت سابقہ پڑتا رہتا ہے اور ہر اس جگہ اس کا عمل دخل ہوتا ہے جہاں لسانی تجربہ شروع ہوتا ہے، مدرسے تک رسائی ہونے سے قبل بچہ کس قدر سماعت کی تربیت حاصل کر لیتا ہے۔ سماعت سے متعلق بچے کی

خصوصیت یہ ہوتی ہے کہ اس کا وقفۂ سماعت بہت تھورا ہوتا ہے وہ بہت دیر تک کسی بات کو سننے پر اپنی توجہ مرکوز نہیں رکھ سکتا۔ لہذا یہ ضروری ہے کہ بچوں سے جب کوئی بات کہی جائے یا انہیں کلاس میں کچھ ہدایتیں دی جائیں تو یہ اطمینان کرلیا جائے کہ کلاس میں مکمل خاموشی ہے۔ ہدایت دیتے وقت یا بات چیت کرتے وقت استاد کو چاہیے کہ صاف اور موثر ڈھنگ سے گفتگو کرے، تھوڑا ٹھہر ٹھہر کر بولے اور لب و لہجے کا خاص طور سے خیال رکھے تا کہ بچے سماعت کی جانب راغب ہوں اور بہتر سماعت کی عادت پیدا کرسکیں، گفتگو سیکھنے کا عمل اس بات پر منحصر ہے کہ بچہ کس حد تک سماعی تربیت حاصل کر چکا ہے وہ خود اپنی آواز سنتا ہے اور گھر کے لوگوں کی بھی آوازیں سنتا ہے وہ بازار اور گلی کوچوں میں مختلف قسم کی آوازیں سنتا رہتا ہے وہ بول کر اپنی مختلف حاجتوں کو پورا کرتا ہے اور اپنی خواہشات کا اظہار کرتا ہے۔ اس طرح بولنے اور سننے کا عمل مسلسل جاری رہتا ہے اور بچہ اس عمل کے دوران بہتر بولنے کی تربیت حاصل کرتا رہتا ہے۔

سبق کی منصوبہ بندی
(Lesson-Planning)

ضرورت اور اہمیت (Need and Importance)

کوئی سمجھدار، اچھا اور لائق استاد سبق کی اچھی طرح تیاری کے بغیر کلاس میں نہیں جاتا۔ ظاہر ہے جب استاد کسی سبق کو منصوبہ کے ساتھ تیار ہو کر پڑھاتا ہے تو اس کا یہ تدریسی عمل نہایت خود اعتمادی اور روانی کے ساتھ چلتا رہتا ہے۔ اس لئے سبق کی منصوبہ بندی پر خاص توجہ کی ضرورت ہے۔ یہ استاد کی تدریسی زندگی کا اہم ترین حصہ ہے۔ ایک متعلم استاد (Pupil-Teacher) کے لئے یہ توجہ و تیاری اور بھی گہری ہو جاتی ہے کہ وہ نو آموز ہوتا ہے۔ چنانچہ اسے کلاس میں سبق پڑھانے سے پہلے تدریس کے ہر ہر پہلو اور ہر ہر نکتہ پر اچھی طرح غور کرنے کی ضرورت ہوتی ہے۔ اپنے موضوع اور مواد کو اچھی طرح ذہن نشین کر کے اور پڑھائی کے سبھی اقدامات (Steps) کو ذہن میں رکھتے ہوئے جب وہ کلاس روم میں داخل ہوگا تو اس کے پیروں میں نہ کوئی لغزش ہوگی اور نہ دل میں کوئی سراسیمگی، اس کے برعکس اس کی آنکھوں میں علم و یقین کی ایک نئی چمک اور سینے میں اعتماد کی ایک نئی قوت امنڈ پڑے گی اور اس طرح اپنے تیار کردہ سبق کو جب وہ روانی اور تسلسل کے ساتھ پڑھانا شروع کرے گا تو پورا کلاس ایک نئے کیف و لطف سے سرشار ہو اٹھے گا۔

متعلم استاد (Pupil-Teacher) کے وہ سارے سبق جو وہ پڑھاتا ہے کسی سخت، بے لچک اور بندھے ٹکے قانون کے پابند نہیں ہیں۔ ان میں ضرورت کے مطابق تبدیلیاں ہوسکتی ہیں اور ہوتی رہتی ہیں۔ پھر بھی مشہور ماہر تعلیم ہربرٹ (Herbart) نے پڑھانے کے کچھ اقدامات (Steps) بتائے ہیں جو بہت مناسب ہیں اور ہر جگہ ان ہی رسمی اصولوں (Herbartian Steps) کی کم و بیش پابندی کی جاتی ہے۔ مگر اس سے پہلے کہ ان اقدامات کے بارے میں کچھ لکھا جائے، ایک متعلم استاد کے لئے ضروری ہے کہ پڑھانے سے پہلے وہ اپنے مضمون کو اچھی طرح سمجھے، اپنی کلاس میں طلبہ کی عمر، ان کے ذہنی معیار اور پورے ماحول کو ذہن میں رکھ کر مواد کا انتخاب کرے اور مضمون کو اور بھی آسان فہم اور دلچسپ بنانے کی خاطر مناسب و موضوع درسی امداد (Teaching Aids) کا انتخاب کرے۔

تدریسی اقدامات (Teaching Steps)

کلاس میں تدریسی عمل بامعنی، متوازن اور عمدہ پیکر میں ڈھل کر ایک خوبصورت تجربہ بن جائے اور طلبہ کو مطلوبہ علم اخذ کرنے کے ساتھ ایک انوکھی دلچسپی اور لطف بھی حاصل ہو اور ان کی شخصیت میں پہلے سے زیادہ نکھار آجائے، اس کے لئے ایک اچھے اور لائق استاد کو ان سارے درسی اقدامات کو نگاہ میں رکھنا ہوتا ہے۔ ساتھ ہی اسے یہ بھی جاننا ضروری ہے کہ زبان کی تدریس میں عام طور سے دو ہی صورتیں ہیں:

۱- نثر پڑھانا

۲- نظم پڑھانا

ان دونوں صنفوں کے اسالیب جدا ہیں، اس لئے ان کے تقاضے بھی جدا ہیں۔ چنانچہ ظاہر ہے ان کے پڑھانے کے طریقے بھی جدا اور مختلف ہوں گے مثلاً نثر میں

صراحت اور وضاحت درکار ہوتی ہے جبکہ نظم کا مزاج رمزیہ اور علامتی ہوتا ہے۔ لیکن نثر ہو یا نظم، کچھ حد تک دونوں کے پڑھانے کے اقدامات کی کڑیاں ساتھ ساتھ دوڑتی ہیں، ایک مرحلہ پر آ کر یہ الگ ہو جاتی ہیں۔ ذیل میں ان اقدامات کی تفصیل دی جا رہی ہے:

عام مقاصد (General Objectives)

مضمون پڑھانے سے قبل استاد کو زبان کے ان چند عمومی مقاصد سے باخبر ہونا ضروری ہے کہ وہ ان سے طلبہ کو اچھی طرح روشناس کرا سکے۔

۱-طلبہ میں اردو زبان و ادب کا ذوق پیدا کرنا۔

۲-ان میں زبان سے لطف اٹھانے کی صلاحیت کو پروان چڑھانا۔

۳-خوبصورت مضمون یا دلکش نظم سے انوکھا مزا لینے کی کیفیت پیدا کرنا۔

۴-مشکل اور نامانوس الفاظ اور نئے اور اجنبی جملوں و تراکیب کے علم سے آگہی بخشنا۔

۵-قواعد کے رموز سے واقف کرنا۔

۶-شاعر یا ادیب کی شخصیت اور ادب میں ان کے مقام و مرتبہ سے روشناس کرنا۔

(ان مقاصد عمومی کو کاپی پر شروع ہی میں لکھ دیا جاتا ہے، ہر روز لکھنے کی ضرورت نہیں ہوتی)۔

خصوصی مقاصد (Specific Aims)

یہاں استاد اپنے موجودہ مضمون (Topic) سے طلبہ کو آگاہ کرتا ہے۔ اجمالاً مضمون کے مرکزی خیال کو دو چار جملوں میں بیان کر دیتا ہے پھر شاعر یا ادیب کی شخصیت پر ہلکی سی روشنی ڈالتا ہے۔ نظم ہونے کی صورت میں اس کے جمالیاتی پہلو پر زیادہ زور دیتا ہے۔

سابقہ معلومات (Previous Knowledge)

مضمون پڑھانے سے قبل ٹیچر اس بات سے بخوبی واقف ہوگا کہ طلبہ کے پاس معلومات کا ذخیرہ کس قدر ہے اور کس معیار کا ہے۔ یعنی طلبہ کے ذخیرۂ علم اور ان کی ذہنی سطح سے استاد کو باخبر ہونا ضروری ہے۔ اس طرح ان کی علمی اور ذہنی سطح کا اندازہ لگانے کے بعد ہی استاد کلاس روم میں سبق کا تعارف کراتا ہے اور پھر وہ صحیح معنوں میں ان کے معیار و سطح کے مطابق تعلیم دے سکتا ہے۔

درسی امداد

تدریس کے عمل کو عمدہ بنانے کے لئے استاد موضوع کی مناسبت سے مختلف النوع درسی امداد کا استعمال کرتا ہے۔ اسے اس بات کو بھی ملحوظ رکھنا ہوتا ہے کہ جس درسی امداد کی جتنی دیر تک ضرورت ہوگی۔ بس اتنی ہی دیر تک کلاس روم میں اس کا مظاہرہ کیا جائے گا ورنہ اس بات کا شدید خطرہ ہے کہ بچوں کا ذہن پڑھائی سے ہٹ کر ان امدادی تصویروں، چارٹ اور نقشوں وغیرہ کی طرف جاتا رہے گا۔ اچھے ٹیچر کو اس بات کا بھی خیال رکھنا ہوتا ہے کہ یہ سامانِ تعلیم آموزش کی راہ میں رکاوٹ نہ بن جائیں۔

نمونے کا سبق (نظم)

(Sample Lesson for Poetry)

مضمون: اردو　　　　جماعت: نہم

عنوان: جگنو　　　　تاریخ:

تدریسی مقاصد (Teaching Objectives)

(ا) عام مقاصد (General Objectives)

۱- طلبہ میں اردو زبان وادب کا ذوق پیدا کرنا۔

۲- ان کے اندر زبان سے لطف اٹھانے کی صلاحیت کو پروان چڑھانا۔

۳- خوبصورت اور دلکش اشعار سے انوکھا مزا لینے کی کیفیت کو ترقی دینا۔

۴- مشکل اور نامانوس الفاظ، نئے اور اجنبی جملوں اور تراکیب کے علم سے آگاہ کرنا اور نظم کی شکل میں، اس کے جمالیاتی پہلو، موزونیت، موسیقی اور آہنگ سے واقف کرنا۔

۵- قواعد کے رموز سے آگاہی بخشنا۔

۶- شاعر وادیب کی شخصیت اور اس کے مقام ومرتبہ سے روشناس کرنا۔

(۲) خصوصی مقاصد (Specific Aims)

بانگ درا سے لی گئی اقبال کی مشہور نظم 'جگنو' کا مطالعہ کرنا اور طلبہ کو شاعر کے دلکش انداز بیان وقادرا لکلامی اور ان کی بلند شخصیت سے آگاہ کرنا۔

سابقہ معلومات (Previous Knowledge)

معلم کو علم ہے کہ طلبہ حالؔی اور اسماعیل میرٹھی وغیرہ کی لکھی ہوئی متعدد نظمیں پڑھ چکے ہیں۔

درسی امداد:

چارٹ پر جگنو کی ایک واضح تصویر دکھائی جائے گی۔

تمہید:

کلاس روم میں ایک مختصر گفتگو ہوگی۔ مثلاً:

دنیا کے کارخانے میں اللہ تعالیٰ نے انسان کے علاوہ ہزاروں لاکھوں طرح کے جانور، چرند، پرند اور کیڑے مکوڑے بنائے ہیں۔ ہر ایک کی شکل وصورت اور جسم وساخت بھی الگ ہے اور اس کی صفات بھی مثلاً کچھ نیک اور بے ضرر ہیں تو کچھ خطرناک اور ڈنک مارتے ہیں، کچھ بھدے اور کریہہ ہیں تو دوسرے نازک اور دلکش، اور کچھ سادے اور بے رنگ تو کچھ نہایت شوخ اور چمکدار۔

سوال ۱: اللہ تعالیٰ نے اس دنیا میں کیسے کیسے جانور اور کیڑے مکوڑے بنائیں ہے؟

سوال ۲: شہد کی مکھی کی خصوصیت بتاؤ؟

سوال ۳: کون سا کیڑا چمکدار ہوتا ہے؟

اعلانِ سبق:

آج ہم لوگ اقبال کے مجموعہ کلام ''بانگِ درا'' سے لی گئی ایک چھوٹی سی نظم 'جگنو'

کے بارے میں پڑھیں گے اور دیکھیں گے کہ شاعر نے جگنو کا تعارف کیسی کیسی نادر مثالیں دے کر کرایا ہے۔

نمونے کی بلند خوانی بذریعہ معلم
(Loud Reading of Sample Lesson by Teacher)

معلم نظم کو اس خوبصورت انداز میں بلند آواز سے پڑھے گا کہ خوش خوانی کی ساری صفات اجاگر ہو جائیں گی، یعنی مناسب لب ولہجہ، مصرعوں کی موزونیت، موسیقی وآہنگ کے سوا اوقاف، روانی اور تغیر لحن وغیرہ کا نہایت دلکش انداز میں اظہار ہوگا۔

انفرادی بلندی خوانی بذریعہ طلبہ
(Individual Loud Reading by Students)

چند طلبہ کو باری باری نظم کے کچھ حصوں کو پڑھنے کو کہا جائے گا اور اس دوران استاد اصلاح کرتا جائے گا۔

نظم کا اجمالی جائزہ بذریعہ معلم (Brief Analysis of Poetry)

نظم کا مختصراً جائزہ لیا جائے گا اور نظم میں اہم واقعات، کیفیات اور مناظر وغیرہ کا ذکر کیا جائے گا اور طلبہ کو لطف وکیف اٹھانے کی تحریک دی جائے گی۔

نظم کا تفصیلی جائزہ بذریعہ معلم
(Detail analysis of Poetry by Teacher)

یہاں پر طلبہ کو نظم کے جمالیاتی پہلو، لفظوں کی موزونیت، موسیقی اور آہنگ کی طرف متوجہ کیا جائے گا اور ان خصوصی تصورات کی طرف اشارہ کیا جائے گا جو نظم میں پوشیدہ ہیں۔ درمیان میں تین چار سوالات بھی پوچھے جائیں گے اور اشعار کی تفہیم وتشریح کی جائے گی۔

سوال ا: شاعر کو پھولوں کی انجمن میں شمع جلنے کا کیوں احساس ہو رہا ہے؟

سوال ۲: مہتاب کی کرن میں جان پڑنے سے کیا مراد ہے؟

سوال ۳: پروانے اور جگنو میں کیا خاص فرق ہے؟

سوال ۴: اس نظم سے ہمیں کیا سبق ملتا ہے؟

استحسانِ شعر (Interpretation of Couplet)

بذریعہ معلم (یہاں آخری مرحلہ میں نظم کا تنقیدی نگاہ سے جائزہ لیا جائے گا۔ اگر کوئی شعر، نادر تشبیہ، استعارہ یا کوئی کیفیت معلم کو پسند ہے تو پسندیدگی کی وجہ بتائی جائے گی۔ مختصر یہ کہ نظم کے سارے محاسن کو اجاگر کیا جائے گا)۔

مثلاً موجودہ نظم 'جگنو' میں نادر تشبیہات کی بھرمار ہے۔ شاعر نے طرح طرح کی تشبیہوں اور مثالوں کے ذریعہ جگنو کی کیفیت کو بیان کیا ہے۔ مثلاً باغ میں ان کے چمکنے کو شمع سے مثال دی ہے۔ کبھی آسمان سے اڑ کر آتے ہوئے ستارے، تو کبھی مہتاب کی کرن میں جان پڑنے سے، جگنو کو کبھی رات کے اندھیرے میں دن کے سفیر سے تشبیہ دی ہے تو کبھی اس کی روشنی کے جلتے بجھتے رہنے کو ایسے چاند سے مثال دی ہے، جو اپنے گہن کی وجہ سے کبھی اندھیرے میں ڈوب جاتا ہے تو کبھی پھر روشنی میں آجاتا ہے۔ وغیرہ۔

اس کے علاوہ اس نظم میں شاعر نے ہمیں یہ بتایا کہ پروانہ اور جگنو اگرچہ دونوں پتنگے ہیں لیکن پروانے کی حیثیت جگنو سے کم تر ہے کہ اس کے پاس اپنی کوئی روشنی نہیں ہے۔ اسی لئے وہ اِدھر اُدھر کی روشنی پر لپکتا ہے جو اس کی خودداری کے خلاف ہے۔ جب کہ جگنو کو کسی دوسری روشنی پر لپکنے کی ضرورت نہیں ہوتی کہ اس کا اپنا الاؤ جلتا رہتا ہے۔

اس نظم ہمیں یہ خاص سبق ملتا ہے کہ انسان کا جب اپنا پیمانہ خالی نہیں ہوتا یعنی اس کے پاس علم ولیاقت اور اخلاق وکردار کی دولت موجود ہوتی ہے تو اسے اپنی غیرت وخودداری کا سودا نہیں کرنا پڑتا۔ وہ ہمیشہ سر اٹھا کے چلتا ہے۔

نمونے کا سبق (نثر)

(Sample Lesson for Prose)

مضمون: اردو　　　　　　جماعت: ہفتم

عنوان: عمر رفتہ　　　　　　تاریخ:

تدریسی مقاصد (Teaching Objectives)

(ا) عام مقاصد (General Objectives)

۱- طلبہ میں اردو زبان وادب کا ذوق پیدا کرنا۔

۲- ان کے اندر زبان سے لطف اٹھانے کی صلاحیت کو پروان چڑھانا۔

۳- خوبصورت اور دلکش تحریر سے انوکھا مزا لینے کی کیفیت کو ترقی دینا۔

۴- مشکل اور نامانوس الفاظ، نئے اور اجنبی جملوں اور تراکیب کے علم سے آگاہ کرنا۔

۵- قواعد کے رموز سے واقف کرانا۔

۶- شاعر وادیب کی شخصیت اور ادب میں ان کے مقام ومرتبہ کی جانکاری دینا۔

(۲) خصوصی مقاصد (Specific Objectives)

سرسید کے لکھے ہوئے خوبصورت مضمون 'عمر رفتہ' کا مطالعہ کرنا اور سرسید کی شخصیت اور کارناموں سے روشناس کرنا۔

سابقہ معلومات (Previous Knowledge)

معلم کو واقفیت ہے کہ طلبہ اسی انداز کی شبلی، نذیر احمد اور حالی وغیرہ کی تحریریں پڑھ چکے ہیں۔

(۴) درسی امداد

سرسید کی ایک تصویر دکھائی جائے گی، طلبہ کی دلچسپیوں کو سبق کی طرف موڑنے کی خاطر معلم کے ذریعہ مندرجہ ذیل سوالات پوچھے جائیں گے:

۱- زندگی میں بچپن کے بعد کون سا زمانہ آتا ہے؟

۲- جوانی کے بعد زندگی کا کون سا مرحلہ ہوتا ہے؟

۳- انسانی عمر کو کتنے بڑے حصوں میں تقسیم کیا جا سکتا ہے؟

اعلانِ سبق

آج ہم لوگ عمر رفتہ یعنی انسان کے بیتے ہوئے دنوں کے بارے میں پڑھیں گے جسے بڑھاپے میں ہر شخص یاد کرتا ہے اور دکھی ہوتا ہے۔

نمونے کی بلند خوانی:

بذریعہ معلم (معلم پوری عبارت کو بلند آواز میں صحیح تلفظ، اوقاف اور تغیر لحن وغیرہ کا

خیال رکھتے ہوئے خوبصورت طریقے سے پڑھے گا)۔

انفرادی بلندی خوانی

بذریعہ طلبہ (طلبہ سے مضمون کے تھوڑے تھوڑے حصے پڑھوائے جائیں گے اس دوران استاد اصلاح بھی کرتا جائے گا)۔

تلفظ کی مشق (Exercise of Pronounciation)

عبارت میں مشکل الفاظ کو مع اعراب یعنی زیر، زبر، تشدید وغیرہ بلیک بورڈ، پر لکھ کر طلبہ سے فرداً فرداً تلفظ کی مشق کرائی جائے گی۔

مشکل الفاظ کے معنی (Meaning of Difficult Words)

اس جگہ مشکل الفاظ کے معنی بتانے کے سوا مرکب الفاظ کی تحلیل کر کے طلبہ کو سمجھایا جائے گا۔ اس کے علاوہ ہم معنی یعنی مترادف اور متضاد، تذکیر وتانیث اور واحد وجمع الفاظ وغیرہ کا بھی انہیں علم دیا جائے گا۔

جیسے: عمر رفتہ: گذری ہوئی عمر، زندگی کے پچھلے دن

غمگین: دکھی

خاموش خوانی (Silent Reading)

بذریعہ طلبہ (اس منزل پر طلبہ سے تھوڑی دیر کے لئے خاموشی کے ساتھ پڑھنے کو کہا جائے گا تاکہ تفہیم عبارت آسان ہوجائے۔

تفہیم عبارت (Understanding of Text)

یہاں پہنچ کر استاد طلبہ کو عبارت کی خوبیوں سے ایک ایک کر کے روشناس کرائے گا

ساتھ ہی وہ سوالات کے ذریعے معلوم بھی کرے گا کہ طلبہ نے کہاں تک اس کی پڑھائی کو سمجھا ہے یعنی آموزش کس حد تک ہوئی ہے اور کہاں تک وہ پڑھانے میں کامیاب ہوا ہے۔

سوال ا: مصنف نے رات کا کیسا نقشہ کھینچا ہے؟

سوال ۲: اس طوفانی رات میں بڈھے کی کیسی حالت ہو رہی تھی؟

سوال ۳: بڈھے کے اداس اور غمگین ہونے کی کیا وجہ تھی؟

سوال ۴: بڈھے کے دل میں رہ رہ کر کونسا خیال آ رہا تھا؟

سوال ۵: اس مضمون سے تمہیں کیا سبق ملتا ہے؟

زبان کا کام (Language Work)

سبق کی اس آخری منزل میں معلم پوری عبارت کا تنقیدی طور پر جائزہ لے گا اور اس کی خوبیوں کو بیان کرے گا۔ موجودہ مضمون میں مندرجہ ذیل باتیں سامنے آتی ہیں:

۱- پوری عبارت نہایت سادہ اور دلنشیں ہے۔

۲- برسات کی طوفانی اندھیری رات کی خوبصورت منظر کشی کی گئی ہے۔

۳- ایک بوڑھے شخص کی اپنے بیتے دنوں کی یاد کا درد بھرا نقشہ آنکھوں میں پھر جاتا ہے۔

۴- مصنف نے بڑھاپے کی دردناک صورت حال کے لئے اندھیری، طوفانی ڈراؤنی رات اور بجلی کی دل دہلا دینے والی کڑک کو علامت کے طور پر استعمال کیا ہے۔ یعنی جس طرح رات اندھیری، طوفانی اور ڈراؤنی ہے، بالکل یہی حال بڑھاپے کا ہوتا ہے۔ جب زندگی کے اچھے دنوں کی ساری رونقیں اور خوشیاں ختم ہو جاتی ہیں۔ صرف موت کا بھیانک تصور زندگی کی چوکھٹ پر ہر دم دستک دیتا رہتا ہے۔

اشاراتِ سبق
(Lesson Points)

تدریسی عمل کوموثر بنانے کے لئے استاد کو بہت سے جتن کرنے پڑتے ہیں۔ اپنے مضمون کو اچھی طرح تیار کرنا ہوتا ہے۔ موضوع کی مناسبت سے تدریسی سامان فراہم کرنا پڑتا ہے اور سبق کی اچھی طرح سے تیاری کرنی ہوتی ہے۔ سبق کی تیاری میں موضوع کا تعین ،مواد کا انتخاب ،مواد کی اکائیوں میں تقسیم ،ترتیب و تنظیم اور مختلف اکائیوں کے درمیان ربط اور تسلسل کا لحاظ رکھا جاتا ہے اور ان تمام تفصیلات کو جب سلسلہ وار قلمبند کرلیا جاتا ہے، تو وہ ''اشارات سبق'' کہلاتے ہیں۔

بہتر اشارات سبق موثر تدریس کے لئے لازمی ہیں۔ اشاراتِ سبق ایک قسم کی تدریسی تیاری ہے۔ بغیر تیاری کے نہ کوئی سبق کامیابی کے ساتھ پڑھایا جاسکتا ہے اور نہ تعلیم کا مقصد پورا ہوسکتا ہے۔ ابتدائی جماعت سے لے کر اعلیٰ جماعت تک اسی اصول کو تسلیم کیا جاتا ہے۔ معلم یہ سوچ کر جماعت میں جاتا ہے کہ اسے طلبہ کو کچھ پڑھانا ہے۔ آج فلاں کے بارے میں معلومات دی جائے گی اور فلاں طریقہ سے معلومات کو موثر انداز میں پیش کیا جائے گا۔ اس قسم کی ذہنی تیاری سے تدریسی سرگرمیاں کامیاب بنائی جاسکتی ہیں۔ وہی تیاری بغیر کسی تحریری یادداشت کے موثر نہیں ہوسکتی۔ اب اگر اشاراتِ سبق کی تیاری کے

بغیر معلم کسی جماعت میں چلا جائے تو طلبہ سے بات کرنا دشوار ہو جائے گا۔ وہ طرح طرح کے سوالات سے معلم کو اُلجھن میں ڈال دیں گئے۔ اگر وہ کسی چیز کو پڑھانا چاہیں تو وہ غیر دلچسپ ہو کر رہ جائے گی۔ اور طلبہ پورے وقت عدم دلچسپی کا اظہار کرتے رہیں گے۔ اس لئے ضروری ہے کہ تدریس کے لئے اشاراتِ سبق کو مرتب کیا جائے۔

اشاراتِ سبق کو مرتب کرنے کے لئے کچھ بنیادی اصولوں کو پیشِ نظر رکھنا پڑتا ہے۔ اگر اشارات سطحی طور پر مرتب کر لئے جائیں تو وہ زیادہ کارگر ثابت نہیں ہو پاتے۔ بہتر اور موثر تدریس کے لئے بہتر اشارات سبق کا مرتب کرنا ضروری ہے۔ بہتر اشاراتِ سبق سے معلمین کو اپنی تدریس میں بڑی کامیابی حاصل ہوتی ہے۔ جماعت میں نظم وضبط بھی قائم رہتا ہے۔ اور طلبا اپنی دلچسپی وتعاون کا اظہار بھی کرتے ہیں اور سب سے بڑی افادیت یہ ہے کہ معلم کی شخصیت برقرار رہتی ہے اور طلبہ کو جو معلومات دی جاتی ہیں وہ اچھی طرح ذہن نشین ہو جاتی ہیں۔

ایک اوسط لیاقت کا استاد بھی اگر سبق سے متعلق تمام جزئیات پر غور کرنے اور اہم امور کو قلم بند کرے تو تدریسی عمل میں یقیناً کامیاب ہوگا۔ اسی مقصد کے پیش نظر ٹریننگ کالجوں میں مشقی اسباق پر خصوصی طور سے توجہ دی جاتی ہے، مشقی اسباق کے دوران خصوصیت کے ساتھ سبق کے اشارے تیار کرائے جاتے ہیں۔ اسی طرح زیر تربیت اساتذہ کو اس بات کی تربیت دی جاتی ہے کہ وہ سبق پڑھانے سے پہلے تدریسی نکات اور اقدامات سبق پر غور کرلیں اور اپنی سہولیت کے لئے انہیں نوٹ بھی کرلیں تاکہ پڑھاتے وقت وہ تمام ساز وسامان سے لیس رہیں۔ زیر تربیت اساتذہ کے لئے اس کی اہمیت یوں بھی زیادہ ہے کہ ان کو درس وتدریس کا کوئی عملی تجربہ نہیں ہوتا۔ اور اگر ہوتا بھی ہے تو بہت معمولی سا۔ اس لئے خام استاد جب اشاراتِ سبق تیار کرکیکلاس میں داخل ہوتا ہے۔ تو یقیناً زیادہ

اعتماد کے ساتھ اپنے شاگردوں کے ساتھ رابطہ قائم کرتا ہے اور زیادہ اطمینان کے ساتھ سبق پڑھاتا ہے۔

ٹریننگ کالجوں میں اشاراتِ سبق تیار کرنے کا کام عام طور پر اس نہج پر ہوتا ہے، جو ہربارٹ نے تجویز کئے تھے یہ عمل قابلِ تشویش ہے کہ درس وتدریس سے متعلق جو بھی تحقیقات عمل میں آئی ہیں ان میں سبق کے اشارات کی تیاری پر بہت کم توجہ دی گئی ہے۔ اس کا نتیجہ یہ ہے کہ اشاراتِ سبق کی تیاری کے سلسلے میں بات ہربارٹ کی پانچ منزلوں سے آگے نہیں بڑھتی اور مشقِ اسباق کے دوران زیادہ تر اشاراتِ سبق ہربارٹ کے ہی رسمی اقدامات کی بنیاد پر تیار کئے جاتے ہیں، جب کہ یہ اقدامات تعلیم کے جدید نفسیاتی اصولوں سے پورے طور پر ہم آہنگ نہیں ہیں۔ پس بہتر اور موثر تدریس کے لئے بہتر اشارات کا مرتب کرنا ضروری ہے بہتر اشارات سبق سے معلمین کو اپنی تدریس میں بڑی کامیابی حاصل ہوتی ہے۔ جماعت میں نظم وضبط بھی قائم رہتا ہے اور طلبہ اپنی دلچسپی وتعاون کا اظہار کرتے ہیں۔ اور سب سے بڑا افائدہ یہ ہے کہ معلم کی شخصیت برقرار رہتی ہے اور طلبہ کو جو معلومات دی جاتی ہیں وہ اچھی طرح سے ذہن نشین ہو جاتی ہیں۔

زیر تربیت اساتذہ اور دورانِ ملازمت اساتذہ کی سہولت کے لئے نثر، نظم، قواعد اور انشا کے اسباق کے چند نمونے پیش کئے جارہے ہیں:-

اشاراتِ سبق (نثر)

(Lesson Points for Prose)

نمونہ سبق نمبر 1

جماعت: ہشتم

مضمون: اردو (نثر)

عنوان: توانائی

تدریسی مقاصد:

= طلبا کے ذخیرہ الفاظ میں اضافہ کرنا۔

= طلبا میں بآواز بلند مطالعے کی مہارت پیدا کرنا۔

= طلبا سے زبان وقواعد کا کام کرانا۔

= طلبا کو سبق ''توانائی'' کا مطالعہ کرانا۔

= طلبا کی قوت تخلیہ کو فروغ دینا۔

سابقہ معلومات: طلبا اس بات کو بخوبی جانتے ہیں کہ جس طرح موٹر کار چلانے کے لئے پٹرول وغیرہ کی ضرورت پڑتی ہے۔ اس طرح انسان کو زندہ رہنے کے لئے ہوا پانی اور خوراک کی ضرورت پڑتی ہے۔

اقدام	طریقہ تعلیم

۱- تمہید (Introduction)

طلبا کو سبق کے مطالعہ کے لئے مندرجہ ذیل سوالات کے ذریعہ آمادہ کیا جائے گا۔

س: انسان کی خوراک کیا ہے؟

ج: چاول، روٹی، دودھ، دال وغیرہ۔

س: ہمکھانا کیوں کھاتے ہیں؟

ج: ہم کھانا زندہ رہنے کے لئے کھاتے ہیں۔

س: کام کرنے کے لئے ہمیں کس چیز کی ضرورت پڑتی ہے؟

ج: طاقت کی

س: ہمارے جسم میں طاقت کس چیز سے پیدا ہوتی ہے؟

۲- اعلان سبق (Introduction of Lesson)

مختلف جواب پا کر مدرس اظہار خیال کرتے ہوئے کہے گا کہ کھانا کھانے سے ہماری طاقت برقرار رہتی ہے اور ہم زندہ رہ سکتے ہیں۔ طاقت کا دوسرا نام ''توانائی'' ہے۔ ہماری زندگی کا راز اسی میں مضمر ہے۔ آیئے! آج ہم آپ کی درسی کتاب سے ''توانائی'' سبق کے پہلے دو پیراگراف پڑھیں گے۔

۳- پیش کش (Presentation)

سب سے پہلے مدرس طلبا کو مصنف کی شخصیت سے متعارف کرائے گا۔ اس کے بعد سبق کا خلاصہ بیان کیا جائے گا۔

''توانائی ہماری زندگی کا راز ہے۔

ہمیں زندہ رہنے کے لئے.......

.......غذائیں مختلف ہوتی ہیں''۔

نمونے کی بلند خوانی:۔ استاد مناسب لب ولہجہ کے ساتھ مضمون پڑھ کر سنائے گا۔ پڑھتے وقت تلفظ، ادائیگی الفاظ اور روانی کا خیال رکھے گا۔

انفرادی بلند خوانی: چند طلبا سے عبارت کی بلند خوانی بتدریج کرائی جائے گی اور ان کے تلفظ کو درست کیا جائے گا۔

حلِ لغات: طلبا سے نئے الفاظ کے جملے اس طرح بنوائے جائیں گے کہ ان کے صحیح معنی اخذ ہو جائیں اگر طلبا صحیح اور بہتر جملے بنانے سے قاصر رہیں تو معلم خود مثالی جملے بنا کر پیش کرے گا۔

مثلاً:

توانائی: ہمیں غذا سے توانائی حاصل ہوتی ہے۔

راز: ملک کی سلامتی کا راز آپسی بھائی چارے میں مضمر ہے۔

سہارے: لنگڑا لاٹھی کے سہارے چلتا ہے۔

سبب: رام اور کرشن کی لڑائی کا سبب کیا ہے؟

خاموش مطالعہ:

طلبا سبق کا خاموش مطالعہ کریں گے تاکہ تعلیمی سوالات کے جوابات آسانی سے

دے سکیں۔

تفہیم عبارت:

۱-توانائی سے کیا مراد ہے؟

۲-ہم کھانا کیوں کھاتے ہیں؟

۳-مقوی غذا سے کیا مراد ہے؟

۴-مقوی غذا ہمیں کن چیزوں سے حاصل ہو جاتی ہے؟

۵-ہمیں زندہ رہنے کے لئے کن چیزوں کی ضرورت پڑتی ہے؟

خاموش مطالعہ:

طلبا کو مکرر خاموش مطالعہ کا موقع دیا جائے گا۔ تا کہ نفسِ مضمون اچھی طرح سے ذہن نشین ہو جائے اور معلم کو معلوم ہو سکے کہ اس کا پڑھایا ہوا سبق کس حد تک کامیاب رہا۔

۴-اعادہ:

مدرس طلباء سے اعادہ کے طور پر مندرجہ ذیل سوالات پوچھے گا۔

(الف)۔ بیمار کو نیند کم کیوں آتی ہے؟

۲-ہمیں زندہ رہنے کے لئے کس چیز کی ضرورت پڑتی ہے؟

۳-ہمارے جسم کو توانائی کی ضرورت کیوں پڑتی ہے؟

۴-ہمیں مقوی غذا کن چیزوں سے حاصل ہو جاتی ہے؟

(ب) مندرجہ ذیل خالی جگہوں کو پُر کیجئے:

۱-توانائی ہماری زندگی کا.............. ہے۔

۲- لکھنے پڑھنے کے لئے بھی.............کی ضرورت ہوتی ہے۔

۳- ہم..............کے کم ہونے سے بیمار ہو جاتے ہیں۔

۴- اگر ہمارے جسم میں..............نہ رہے تو ہم زندہ نہ رہ سکیں گے۔

۵- لنگڑا لاٹھی..................چلتا ہے۔

۶- باغ میں..................قسم کے پھول کھلے ہیں۔

عملی کام (Practical Work)

(الف) مندرجہ ذیل الفاظ کی ضد بتائیے۔

موت، جاندار، بیمار، امیر، بڑا۔

(ب) مندرجہ ذیل الفاظ کی جمع بتائیے۔

جانور، پودا، موت، جاندار۔

اشارات سبق (نظم)

(Lesson Points for Poetry)

نمونہ سبق نمبر۲

جماعت: ہشتم

مضمون: اردو (نظم)

عنوان: ''ایک پرندہ اور جگنو'' (پہلا حصہ)

امدادی اشیا: علامہ اقبال کی تصویر اور معنی کا چارٹ۔

سابقہ معلومات: طلبہ اس قسم کی نظمیں پڑھ چکے ہیں۔

مدعائے خاص: ا-طلبہ کو نظم ''ایک پرندہ اور جگنو'' کا مطالعہ کرانا۔

۲-شاعر کے جذبات وخیالات سے آگاہ کرنا۔

آمادگی (Readiness)

طلبہ کو مندرجہ ذیل سوالات کے ذریعہ سبق کے مطالعہ کے ئے آمادہ کیا جائے گا۔

س: برسات کے موسم میں درخت کیسے نظر آتے ہیں؟

ج: اس موسم میں درخت ہرے بھرے نظر آتے ہیں۔

س: برسات کی اندھری راتوں میں کونسا کیڑا چمکتا ہوا نظر آتا ہے؟

ج: جگنو۔

اعلان سبق (Introduction of Lesson)

آج ہم علامہ اقبالؔ کی ایک نظم ''ایک پرندہ اور جگنو'' کا مطالعہ کریں گے اور یہ دیکھیں گے کہ اقبالؔ نے کس طرح اس نظم میں اس حقیقت کو واضح کیا ہے کہ سوز اور ساز دونوں اپنی اپنی جگہ بہت ضروری ہیں۔ ان دونوں کی ہم آہنگی سے ہی دنیا میں دلکشی اور انسان میں ترقی کا جذبہ پیدا ہوتا ہے۔

۱۔معلم کی نظم خوانی (Poetry Reading by Teacher)

اعلان سبق کے بعد معلم نظم کی بلند خوانی کا نمونہ پیش کرے گا اور خوش خوانی کے جملہ اوصاف مثلاً تاثیر، صحیح لب ولہجہ اور تغیر لحن کا خیال رکھے گا۔

حل لغات (Solving Words)

الفاظ کے معانی کا چارٹ دیوار پر آویزاں کر دیا جائے گا تاکہ نظم کے استحسان میں کسی قسم کا خلل واقع نہ ہو۔

۲۔طلبہ کی تقلیدی نظم خوانی

(Conformative Poetry Reading of Students)

چند طلبہ سے نظم کی تقلیدی بلند خوانی کرائی جائے گی اور ان کے صحیح تلفظ اور خوش خوانی کے دیگر اوصاف پر توجہ دی جائے گی۔

۳-اصلاح تلفظ (Correction of Pronounciation)

طلبہ جس الفاظ کا تلفظ غلط ادا کریں گے ان کو خاموشی سے تختہ سیاہ پر تحریر کیا جائے گا اور اس کی بلند خوانی کے فوراً بعد ان پر اعراب لگا کر طلبہ کے تعاون سے صحیح تلفظ اخذ کیا جائے گا یہ عمل بتدریج ہوگا۔

۴-طلبہ کا خاموش مطالعہ (Silent Study of Students)

طلبہ خاموشی سے نظم کا مطالعہ کریں گے تا کہ ان میں نظم کا مفہوم سمجھنے کی صلاحیت پیدا ہو جائے۔

۵- تفہیم وتشریح (Understanding & Explanation)

اشعار کی تشریح طلبہ سے تبدریج اخذ کی جائے گی۔

تشریحی سوالات (Explanatory Questions)

۱-ٹہنی پر کون بیٹھا تھا؟

۲-بلبل نے زمین پر کیا دیکھا؟

۳-جگنو نے بلبل سے کیا کہا؟

۴-خدا نے بلبل کو کونسی نعمت عطا کی ہے؟

انطباق (Aptness)

نظم کی مکرر بلند خوانی ہوگی اور چند طلبا سے نظم کی بلند خوانی کرائی جائے گی اور مندرجہ ذیل استحسانی سوالات کر کے نظم کے مجموعی تاثر کو حاصل کیا جائے گا۔

اعادہ:

۱-خدا نے جگنو کو کونسی چیز عطا کی ہے؟

۲-شاعر نے بلبل کی آواز کو اور جگنو کی چمک کو کن چیزوں سے تشبیہ دی ہے؟

۳-خدا نے بلبل کو کونسی نعمت عطا کی ہے؟

۴-یہ نظم کس نے لکھی ہے؟

تفویض (Assignments)

اس نظم کے اچھے اشعار اپنی بیاض میں لکھیے۔

اشاراتِ سبق (قواعد)
(Lesson Points for Grammar)

نمونہ سبق نمبر۳

جماعت: ہشتم
مضمون: اردو (قواعد)
عنوان: اسم معرفہ اور اسم نکرہ کی وضاحت

امدادی اشیا

قومی رہنماؤں کی چند تصاویر اور مشہور عمارات کی تصاویر۔

سابقہ معلومات

طلبہ اسم، مذکر و مونث کے مفہوم سے واقف ہیں۔

مقاصد عمومی

طلبہ میں غور و فکر کی صلاحیت پیدا کرنا۔
☆ طلبہ کے ذخیرۂ الفاظ میں توسیع کرنا۔
☆ طلبہ میں صحیح اردو پڑھنے اور لکھنے کی صلاحیت پیدا کرنا۔

مقاصد خصوصی

طلبہ کو اسم معرفہ اور اسم نکرہ کے مفہوم سے آگاہ کرنا۔ اور ان دونوں کی تعریفیں اخذ کرنا۔

آمادگی

مندرجہ ذیل سوالات کے ذریعہ طلبہ کو نئے سبق کے لئے آمادہ کیا جائے گا۔

☆ یہ تصویر کس رہنما کی ہے؟ (گاندھی جی کی تصویر پیش کرتے ہوئے سوال کیا جائے گا)

☆ آپ کے نزدیک یہ تصویر کسی ہے؟ (نہرو جی کی تصویر پیش کی جائے گی)۔ یہ تصویر کس عمارت کی ہے؟ (نشاط باغ کی تصویر پیش کی جائے گی)

☆ گاندھی جی، نہرو جی اور نشاط باغ کس قسم کے ناموں کو ظاہر کررہے ہیں؟

☆ ہم ہر عام آدمی کو گاندھی جی اور نہرو جی کے نام سے کیوں نہیں پکار سکتے؟

☆ خاص قسم کے ناموں کو قواعد میں کیا کہا جاتا ہے؟

اعلان سبق: آج ہم آپ کو اسم معرفہ اور اسم نکرہ کے بارے میں معلومات حاصل کریں گے۔

پیشکش: سبق کو ایک جزء میں پیش کیا جائے گا تاکہ قواعد کے پہلوؤں کی وضاحت میں تسلسل قائم رہے۔

نفس مضمون	طریقہ تدریس
مثالیں: ا۔ نہرو جی ہندوستان کے پہلے وزیر اعظم تھے۔	معلم ایک ایک مثال کو بتدریج تختہ سیاہ پر تحریر کرے گا اور اسم معرفہ ونکرہ کے مفہوم کو اخذ کرنے کے لئے مندرجہ ذیل سوالات کرے گا اور حسب ضرورت امدادی اشیا استعمال کی جائیں گی۔

مثال ا: نہرو جی ہندوستان کے پہلے وزیر اعظم تھے۔

سوالات: ہندوستان کے پہلے وزیر اعظم کون تھے؟

نہرو جی کا نام کس خاص ملک سے وابستہ ہے؟

کسی خاص شخص یا کسی خاص ملک کے نام کا پتہ اس مثال میں کس طرح چلتا ہے؟

کسی خاص شخص یا کسی خاص مقام کے نام کو قواعد میں کیا کہا جاتا ہے؟ (اسم معرفہ)

۲- گاندھی جی ہندوستان کے صف اول کے لیڈر تھے

مثال ۲: گاندھی جی ہندوستان کے صف اول کے لیڈر تھے۔

سوالات: ہندوستان کے اول لیڈر کون تھے؟

گاندھی جی کا نام کس خاص ملک سے وابستہ ہے؟

گاندھی جی اور ہندوستان کس قسم کے ناموں کو ظاہر کرتے ہیں۔ خاص قسم کے ناموں کو قواعد میں کیا کہا جاتا ہے؟ (اسم معرفہ)

۳- کشمیر میں شالامار باغ قابل دید تفریح گاہ ہے۔

مثال ۳: کشمیر میں شالامار باغ قابل دید تفریح گاہ ہے۔

سوالات:۔ کشمیر میں کونسا خاص باغ قابل دید ہے؟

شالامار باغ کس قسم کے نام کو ظاہر کرتا ہے؟

۴- اس تصویر میں چند لڑکے اور لڑکیاں کھیل رہے ہیں

مثال ۴: اس تصویر میں چند لڑکے اور لڑکیاں کھیل رہے ہیں؟

سوالات: اس تصویر میں کون کون کھیل رہے ہیں؟ وہ لڑکے اور لڑکیاں کون ہیں؟

لڑکے اور لڑکیوں کے عام نام کو قواعد میں کیا کہتے ہیں؟

عام شخص کے اسم کو قواعد میں کیا کہا جائے گا۔ (اسم نکرہ)

مثال ۵: ہماری جماعت میں کرسیاں اور چزیں موجود ہیں۔

سوالات: ہماری جماعت میں کیا چیزیں موجود ہیں؟ میز اور کرسیوں کے خاص نام کیا ہیں؟ یہ چیزیں کس عام چیز کے نام کو ظاہر کریں ان کو قواعد میں کیا کہا جاتا ہے(اسم نکرہ)

کرسیاں اور میز کس قسم کے ناموں کو ظاہر کرتی ہیں؟

اسم نکرہ کی کیا تعریف کی جاتی ہے؟

معلم مذکورہ بالا مثالوں کے ذریعہ اسم معرفہ اور اسم نکرہ کی تعریفیں اخذ کرے گا اور تختہ سیاہ پر لکھ دے گا۔

اسم معرفہ: وہ اسم ہے جو کسی خاص شخص، کسی خاص مقام یا کسی خاص شئے کے نام کو ظاہر کرے مثلاً نہرو جی، ہندوستان، گاندھی جی، کشمیر، شالا مار باغ۔

اسم نکرہ: وہ اسم ہے جو کسی عام شخص، کسی عام مقام یا کسی عام چیز کے نام کو ظاہر کرے۔ مثلاً لڑکے، لڑکیاں، کرسیاں، میز وغیرہ۔

اعادہ: کسی خاص شخص یا کسی خاص مقام کے اسم کو قواعد میں کیا کہا جاتا ہے؟

اسم معرفہ کے لئے کسی خاص شخص کے نام کو کیوں وابستہ کیا جاتا ہے؟

کسی عام شئے کے نام کو قواعد کی زبان میں کیا کہا جاتا ہے؟

اشاراتِ سبق (انشا)

(Lesson Points for Composition)

نمونہ سبق نمبر۴

جماعت: دہم

مضمون: اردو (انشاء)

عنوان: ''انتخابات کی چہل پہل''

عام مقاصد

☆ طلبہ میں غور وفکر کی صلاحیت پیدا کرنا۔

☆ بامحاورہ اور صحیح اردو لکھ سکیں۔

☆ اپنا ایک اسلوب نگارش اختیار کرسکیں۔

خاص مقاصد

☆ طبہ سے انتخابات کی چہل پہل پر مضمون لکھوانا۔

☆ مضمون کو دلچسپ بنانے کی صلاحیت پیدا ہوسکے۔

☆ انتخابات کے سلسلے میں عام معلومات حاصل کی جاسکے۔

سابقہ معلومات

حال ہی میں انتخابات ہو چکے ہیں۔انہوں نے ان کا نقشہ دیکھا ہے اور متعلقہ جلسوں میں خود شریک ہوئے ہیں۔

آپ کے مدرسے کی مجلس طلبہ کا کیا نام ہے؟

تمہید

آپ کی مجلس کے عہدہ داران کیسے بنتے ہیں؟

☆ آج ہم آپ کی مجلسِ طلبہ کے انتخابات کے سلسلے میں ایک مضمون لکھنا چاہتے ہیں۔بتایئے!اس مضمون کا کیا عنوان رکھنا چاہیے؟

طلبا کی مدد سے عنوان طے کیا جائے گا۔عنوان طے ہونے کے بعد سوالات کی مدد سے مضمون کے اشارے طے کئے جائیں گے۔

☆ انتخابات کی ضرورت

☆ انتخابات کی تیاریاں

☆ انتخابات کا دن

☆ نتیجے کا اعلان

☆ خاتمہ (اپنے تاثرات)

زبانی کام (Oral Work)

طلبا سے مضمون کے مختلف نکات پر اظہار خیال کروایا جائے گا۔

تحریری کام (Written Work)

مضمون لکھنے کے آداب کی طرف توجہ دلائی جائے گی۔طلبا سے مضمون شروع کرنے کو کہا جائے گا۔باقی ماندہ مضمون کو گھر پر مکمل کرنے کے لئے کہا جائے گا۔

مدرسے کے دیگر وسائل

(Other Resources of Schools)

ان سمعی و بصری وسائل کے علاوہ مدرسے میں کئی ایسے مشاغل کا اہتمام کیا جاسکتا ہے جن کے ذریعے بچوں میں دلچسپی پیدا کی جاسکتی ہے ان مشاغل میں مندرجہ ذیل مشاغل ابتدائی مدارس کے لئے موزوں ہو سکتے ہیں

۱۔ نظم خوانی کا مقابلہ

۲۔ کہانی سنانے کا مقابلہ

۳۔ الفاظ سازی کا مقابلہ

۴۔ بچوں کی انجمن

۵۔ نقلیں اور چٹکلے سنانا

۶۔ ڈراما اور مونو ایکٹنگ

۷۔ پروجیکٹ کا طریقہ

۱- نظم خوانی کا مقابلہ (Competition of Poetry Reading)

مولانا اسماعیل میرٹھی، افسر میرٹھی، شہباز، شفیع الدین نیر اور تلوک چند محروم کی ایسی بہت سی بیانیہ نظمیں ہیں جن میں بچوں کو دلچسپی ہو سکتی ہے۔ نغمے اور راگ سے چونکہ عام طور پر بچوں کو دلچسپی ہوتی ہے اس لیے بہت شوق کے ساتھ وہ نظمیں یاد کر سکتے ہیں اور نظم خوانی کے مقابلے میں سنا کر دادِ تحسین حاصل کر سکتے ہیں۔ اس کی عمدہ صورت تو یہ ہے کہ استاد خود اچھے انداز سے اور اگر ہو سکے تو ترنم سے نظم پڑھ کر نمونے کے طور پر شاگردوں کے سامنے پیش کرے پھر ان سے پڑھوائے۔ نظموں کے انتخاب میں استاد کو تھوڑی بہت کاوش کرنی پڑے گی اکثر بچوں کے رسائل میں اچھی نظمیں شائع ہوتی رہتی ہیں۔

۲- کہانی سنانے کا مقابلہ (Competition of Story-telling)

بچوں کو کہانیاں سننے سنانے سے فطری لگاؤ ہوتا ہے اس کے ذریعے بچوں کے شوق کو ابھارا جا سکتا ہے اور کہانیاں پڑھنے کی طرف راغب کیا جا سکتا ہے۔

مدرسے میں اگر نصابی مشاغل کے علاوہ بھی کچھ وقت نکالا جا سکے تو اس میں نظم خوانی کے ساتھ ساتھ کہانیاں سنانے کے بھی مواقع فراہم کیے جا سکتے ہیں۔ کہانی سنانے سے بچوں کی تقریری نشو ونما ہوتی ہے اور ساتھ ہی ساتھ ان کے تخیل میں بھی وسعت پیدا ہوتی ہے۔ ہر چند کے بچوں میں شروع سے ہی مقابلے کا جذبہ پیدا کرنا مستحسن نہیں تاہم بچوں کی فعال شرکت کے لئے یہ ایک اچھا وسیلہ ہے اس موقع پر استاد اگر مقابلے کے ماحول کو زیادہ اہمیت نہ دے بلکہ کھیل کھیل کا ماحول پیدا کرانے کی کوشش کرے تو یہ پروگرام زیادہ تعلیمی نوعیت کے ہو سکتے ہیں۔

۳- الفاظ سازی کا مقابلہ (Competition of Word Making)

مختلف حروف کو ملا کر لفظ بنانے کا مشغلہ کلاس کے لیے ایک دلچسپ مشغلہ ہے جس

میں بچے فعال طریقے سے دلچسپی لے سکتے ہیں اور کھیل کھیل میں ہجے پر ملکہ حاصل کر سکتے ہیں۔ بعض اساتذہ الفاظ سازی کے مقابلے کے ذریعے کلاس کے ماحول میں بڑی سرگرمی پیدا کر دیتے ہیں اور کھیل کھیل میں بچوں کو الفاظ کے ہجے کی اس طرح مشق کرا دیتے ہیں کہ تمام عمر وہ ہجے نہیں بھولتے۔

الفاظ سازی کے مقابلے کا اہتمام اس طرح ہوسکتا ہے کہ طلبہ کو دو گروپ میں بانٹ دیا جائے۔ طلبہ کو گروپ میں تقسیم کرتے وقت اس بات کا خیال رکھنا چاہیے کہ دونوں ٹیموں میں تقریباً برابر معیار کے بچے شامل کیے جائیں۔ یعنی دنوں بچوں میں تیز اوسط اور کمزور بچے شامل ہوں۔ ان ٹیموں کو ایسے نام دیے جاسکتے ہیں اور پھر ان دونوں ٹیموں کے درمیان الفاظ سازی کا مقابلہ کرایا جاسکتا ہے پہلی ٹیم سے ایک بچہ ایک حرف بولے پھر دوسری ٹیم سے دوسرا بچہ، اگلا حرف بولے۔ نمونے کے طور پر درج ذیل طریقے پر لفظ سازی ہوسکتی ہے۔

ٹیم (الف) ش

ٹیم (ب) ل شلجم

ٹیم (الف) ج

ٹیم (ب) م

ٹیم (ب) نے چونکہ آخری حرف سے لفظ بنالیا اس لئے وہ ٹیم ایک پوائنٹ جیت گئی اسی طرح لفظ سازی کی مشق اور بچوں کے تخلیق اظہار کی نشو ونما کرائی جاسکتی ہے۔

الفاظ سازی کے ذریعے لکھنے کی بھی مشق کرائی جاسکتی ہے۔

۴- بچوں کی انجمن (جمیعۃ الطلبہ) (Children's Club)

عام طور پر ثانوی اور اعلا ثانوی منزل پر انجمن طلبہ کا قیام عمل میں آتا ہے لیکن اگر ابتدائی مدارس میں بھی بچوں کی انجمن قائم کی جائے تو یہ بھی تعلیم و تربیت کا ایک اچھا ذریعہ

بن سکتا ہے۔ بشرطیکہ استاد تھوڑی سوجھ بوجھ اور پیش بینی سے کام لے۔ اس کے ذریعے بچوں کو ان ذمے داریوں کا احساس دلایا جاسکتا ہے جو بحیثیت شہری انہیں آئندہ زندگی میں سپرد کی جائیں گی ان ذمہ داریوں سے عہدہ برآ ہونے کی معقول تربیت کے لئے عمر کی یہ منزل بہت مناسب ہوتی ہے۔ اس کے ساتھ وہ شہریت کے بنیادی اصولوں سے بھی روشناس ہو جاتے ہیں، گردوپیش کی زندگی میں وہ جن باتوں کا مشاہدہ کرتے ہیں چھوٹے پیمانے پر ان مراحل سے گزرنے کا انہیں عملی طور پر موقع مل جاتا ہے۔

انجمن کے انتخابات میں حصہ لینا، انتخاب میں مقابلے کے لئے بطور امیدوار سامنے آنا، زیادہ ووٹ حاصل کرنے کے لئے رائے عامہ ہموار کرنا، الیکشن یعنی فیسٹو نکالنا اور اس میں مدرسے کے تمام مسائل کو حاصل کرانے کے لیے معقول تجاویز اور وعدے وعہد وغیرہ۔ ان کارروائیوں سے بچے بڑی حد تک استفادہ کر سکتے ہیں۔

انتخاب کے بعد مسند نشینی کے انتظامات، حلف وفاداری، تقاریر اور جلسے کا اہتمام تعلیمی وتربیتی نقطہ نظر سے بہت سودمند ہے۔ اس کے دوران بولنے اور لکھنے کے کافی مواقع میسر آتے ہیں۔ مقابلے میں کھڑے ہونے والے امیدواروں کے لئے پوسٹر لکھنا ایک ایسا مشغلہ ہے جس میں لکھائی کی بہت اچھی طرح مشق کرائی جاسکتی ہے اس طرح انجمن کے جلسوں میں تقریر کرنا تقریری انشا کا ایک بہت ہی موثر وسیلہ بن سکتا۔ اس کے ذریعے بچوں میں خود اعتمادی پیدا ہو سکتی ہے اور تقریری اظہار کے عملی مواقع فراہم کیے جاسکتے ہیں۔

ابتدائی منزل اس اعتبار سے بہت اہم ہے کہ اس منزل پر لسانی مہارتوں کی داغ بیل پڑتی ہے۔ بالفاظ دیگر یہ بنیادی منزل ہے اس لیے اس منزل پر اگر بے جھجک بولنے کی عادت ہو جائے تو آئندہ زندگی میں بہت مفید ثابت ہوگی۔

۵- نقلیں اور چٹکلے سنانا (Imitation and Jokes Telling)

بچوں کو عام طور پر نقلیں سنانے میں بہت دلچسپی ہوتی ہے۔ اپنے گرد و پیش وہ بہت سی چڑیوں اور جانوروں کی آوازیں سنتے رہتے ہیں، ان آوازوں کی نقلیں بھی سناتے رہتے ہیں۔ اگر مدرسے میں کسی ایسے جلسے کا اہتمام کیا جائے جس میں بچے آزادی کے ساتھ نقلیں سنا سکیں تو اس کے ذریعے بھی اظہار کا ایک اچھا موقع ملتا ہے۔ کلاس میں استاد بھی درسی کتاب کے اسباق کی مناسبت سے اپنے گھنٹے میں سے تھوڑا سا وقت نکال سکتا ہے۔ یا اس کے ذریعے مشق کے لئے تحریک پیدا کرنے کا ایک عمدہ وسیلہ فراہم کرسکتا ہے۔ مثال کے طور پر درسی کتب میں بلی اور کتے پر کوئی سبق دیا ہوا ہے۔ اس سبق کو پڑھاتے وقت ''میاؤں میاؤں اور ''بھوں بھوں'' کا لفظ طالب علم پڑھ چکے ہوتے ہیں۔ اب مشق کے لیے استاد اپنے طالب علم سے کہہ سکتا ہے کہ کتے کے بھونکنے کی نقل کریں یا بلی کی نقل اتاریں اس طرح ان آوازوں کے ذریعے کلاس کے ماحول میں زندگی پیدا کی جاسکتی ہے۔ مثلاً کتے کے بھونکنے کو بھوں بھوں کہتے ہیں، یا بلی کے بولنے کو میاؤں میاؤں کہتے ہیں، ان مشاغل کے طفیل میں طلبہ کو پڑھائی لکھائی میں مزہ آنے لگتا ہے اور یہی مزہ آموزش کی تحریک پیدا کرانے میں معاون ثابت ہوتا ہے۔

اسی طرح چٹکلے سنانے میں بچوں کی اہمیت افزائی کی جاسکتی ہے۔ لیکن چٹکلا سنانے کے لئے طالب علموں کی ہمت افزائی کرنے کے ساتھ ساتھ استاد کو اس بات پر بھی زور دینا چاہیے کہ چٹکلے فحش نہ ہوں بلکہ صاف ستھرے ہوں، اور بچوں کی عمر، ان کے مزاج اور ماحول سے مطابقت رکھتے ہوں اچھے چٹکلوں کا انتخاب ایک اہم مسئلہ ہے اور اس میں استاد طالب علموں کی رہنمائی کرسکتا ہے۔

ان مشاغل سے ایک فائدہ یہ بھی ہوتا ہے کہ بچوں کی جھجھک ختم ہو جاتی ہے اور وہ بے باکی کے ساتھ بولنے لگتے ہیں اور اس کے ساتھ ساتھ پڑھنے لکھنے کے کام میں بھی دلچسپی لینے لگتے ہیں۔

۶- ڈراما اور مونو ایکٹنگ (Drama and Mono-actings)

ماہرین تعلیم نے اکثر موقعوں پر اس رائے کا اظہار کیا ہے کہ ڈرامے اور مونو ایکٹنگ کو تعلیم کا ایک بہت اچھا ذریعہ بنایا جا سکتا ہے۔ ابتدائی منزل کے بچوں کے لئے اچھے ڈرامے بہت کم دستیاب ہیں پھر بھی استاد اگر تھوڑی سی کاوش کرے تو بعض اچھے ڈرامے مل سکتے ہیں۔ لیکن ڈرامے نہ ملنے کی صورت میں بھی ایک خلاقی استاد کلاس میں ڈرامائی کیفیت پیدا کر سکتا ہے اردو کی درسی کتابوں میں بعض کہانیاں ایسی ہوتی ہیں جن کو ڈرامائی انداز میں پیش کیا جا سکتا ہے اس دوران بچوں سے مکالمے ادا کرائے جا سکتے ہیں اور ان مکالموں کے ذریعے کرداروں کو ابھارا جا سکتا ہے۔ مکالموں کی ادائیگی کے درمیان طلبہ کو اس بات کی تربیت دی جا سکتی ہے کہ وہ آواز کے اتار چڑھاؤ کے ساتھ مکالموں کو ادا کریں اور حرکات وسکنات سے مکالمے کے تقاضوں کو پورا کریں۔ اس طرح سبق پڑھوانے سے بچے فعال طریقے سے سبق میں دلچسپی لینے لگتے ہیں بچوں کی یہ دلچسپی پڑھائی اور لکھائی دونوں میں ترغیب کا کام دیتی ہے اس کے ذریعے مشق کا عمل بھی دلچسپ بن جاتا ہے۔ مثال کے طور پر اردو کی درسی کتاب مرتبہ مکتبہ جامعہ میں فرخ آباد کا ڈراما اور روٹیوں کا جلسہ دو اسباق شامل ہیں ان دونوں اسباق کو اس مقصد کے لئے استعمال کیا جا سکتا ہے۔

اسی طرح مونو ایکٹنگ بھی ایک دلچسپ مشغلہ ہے جس کے ذریعے بچوں کو ایسی ترتیب دی جا سکتی ہے جس میں حرکات وسکنات، جذبات اور خیالات کا اظہار کیا جا سکے اظہار ذات کا یہ ایک اچھا وسیلہ ہے۔

۷- پروجیکٹ کا طریقہ (Project Method)

ہر چند کہ پروجیکٹ ایک طریقہ تعلیم محدود طریقہ سے اس کو زبان کی تعلیم کا ایک دلچسپ اور مفید وسیلہ بنایا جاسکتا ہے اور طلبہ میں ایسی زندگی بھونکی جاسکتی ہے جس سے وہ فعال طریقے پر مختلف موضوعات سے متعلق معلومات فراہم کرسکتے ہیں اور حاصل شدہ معلومات کو سلیقے کے ساتھ ضبط تحریر میں لاسکتے ہیں اپنی نوعیت کے اعتبار سے پروجیکٹ انہیں بچوں کے لئے موزوں ہوسکتے ہیں جو پڑھائی اور لکھائی کی بنیادی مہارتیں حاصل کرچکے ہوتے ہیں۔ چوتھی اور پانچویں کے طلبہ درج ذیل پروجیکٹ محدود طریقے سے چلاسکتے ہیں۔

۱- بیت بازی پروجیکٹ: اس پروجیکٹ کے تحت بچے ایسے اشعار کا انتخاب کرسکتے ہیں جو بیت بازی کے لئے موزوں ہوں۔

۲- پرندوں اور جانوروں کا پروجیکٹ: اس پروجیکٹ کے تحت بچے گرد وپیش میں پائے جانے والے پرندوں اور جانوروں کی تصور میں خاص کرکے ان کے نام اور ان کے بارے میں چند جملوں میں تفصیلات لکھ سکتے ہیں۔

۳- تاریخی عمارتوں کا پروجیکٹ: گرد وپیش کی تاریخ عمارتوں کا ایک چھوٹا سا البم تیار کیا جاسکتا ہے اور ان تاریخی عمارتوں سے متعلق معلومات فراہم کرکے صاف ستھرے جملوں میں لکھا جاسکتا ہے۔

۴- دیواری اخبار پر پروجیکٹ

استاد اگر تھوڑی دلچسپی سے اور طالب علموں کی رہنمائی کرے ایک اچھا ذریعہ تصور

کیا جا سکتا ہے اس اخبار میں چٹکلے اور دلچسپ خبریں دی جا سکتی ہیں۔ کھوئی ہوئی چیزوں کی اطلاع یا ضروری اعلان بھی دیواری اخبار کا معمول بن سکتا ہے اس پروجیکٹ کے ذریعہ بچوں میں پڑھنے اور لکھنے کا شوق پیدا ہو سکتا ہے۔

غرض مدرسے کے اندر یہ تمام وسائل استعمال کیے جا سکتے ہیں اور ان کے ذریعے بچوں میں زبان کا شوق پیدا کیا جا سکتا ہے۔

جموں و کشمیر میں فروغ اردو: چند تجاویز

(Developing of Urdu in Jammu & Kashmir: Some Suggestions)

کشمیر میں اردو کی ترقی اور بقا کا مسئلہ اس زبان کے کل ہند مستقبل سے وابستہ ہے۔ اگر دہلی، لکھنؤ، حیدر آباد وغیرہ جہاں اردو کی جڑیں واقع ہیں۔ یہ زبان زوال پذیر ہوتی ہے تو کشمیر میں جہاں اس کی شاخیں واقع ہیں اسے مرجھانے سے بچایا نہیں جاسکتا۔ اس لئے ضروری ہے کہ ملک میں اور خاص طور پر ان حصوں میں جہاں کے عوام کی یہ مادری زبان ہے اردو کو اس کا جائز مقام دیا جائے۔

اردو اصولی طور پر ریاست میں ذریعہ تعلیم تو ہے لیکن ضرورت اس بات کی ہے کہ وزارتِ تعلیم اساتذہ کا تقرر کرتے وقت پہلے اس بات کو یقینی بنائے کہ وہ اردو رسم الخط سے واقف ہیں اور دوسرے یہ کہ واقعی اسکولوں میں اردو کو اس کے منظور شدہ رسم الخط میں ہی پڑھایا جاتا ہے۔ اردو کے لئے اچھی درسی کتابوں کی دستیابی ایک مسئلہ ہے۔ ترقی اردو بورڈ اس سلسلے میں اپنی ذمہ داریاں نبھائے گا۔

اردو کو فروغ دینے کے لئے جدید طرز پر ایک آسان اردو ٹائپ رائٹر کی ضرورت

ہے تا کہ دفتری کام کو آسانی کے ساتھ چلایا جا سکے گا۔

محکمہ اطلاعات اور محکمہ تعلیم کے لئے اردو میں کام کاج کرنا اشد ضروری ہے۔ ان محکموں میں انگریزی کے بجائے اردو میں خط و کتابت کا سلسلہ جاری ہونا چاہیے۔

ریاست میں اردو اخبارات کا مسئلہ یہ ہے کہ ان کی اپیل سری نگر اور اس کے آس پاس علاقے تک ہی محدود ہے اس لئے ریاستی اور مرکزی وزارت اطلاعات و نشریات اخبار نویسوں کی پشت پناہی کریں انہیں زیادہ اشتہارات دیں اور سستے داموں پر کاغذ فراہم کریں۔

ریڈیو کشمیر میں قابل اور اردو جاننے والے آرٹسٹوں کو اپنا جائز مقام دیا جائے تا کہ ان کو بھی اپنی تخلیقات کا مظاہرہ کرنے کا موقعہ ملے۔

ریاست کے تمام پرائمری، مڈل اور ہائر سکینڈری اسکولوں میں پڑھانے کے لئے سند یافتہ اور تجربہ کار استادوں کا انتظام کرنا ضروری ہے لڑکوں کو اردو کی طرف راغب کرنے کے لئے معقول وظیفہ جات کا ہونا لازمی ہے۔

☆ اردو زبان کو قانونی نقطۂ نظر سے اول سے لے کر بی، اے کی سطح تک ایک لازمی مضمون قرار دینا چاہیے۔ اور اس کے اس اختیاری پن کو ختم کیا جائے تا کہ بچوں کا یہ امتیازی مسئلہ ختم ہو جائے۔ اسکول اور کالجوں میں اردو میگزین طبع کئے جائیں تا کہ بچے بھی اس زبان کے فروغ میں اپنا حصہ ادا کر سکیں اور ان کی دلچسپی بڑھ جائے۔

☆ علاقائی سطح پر جو امتیازی سلوک اس کے ساتھ کیا جا رہا ہے اس کو کم کیا جائے اور ایسے علاقوں میں جہاں اس زبان کے پڑھنے سے بچے کتراتے ہیں وہاں اچھے اور قابل مدرسین اسکولوں میں تعینات کیے جائیں تا کہ وہ ان کو صحیح طور سے رغبت دلا سکیں۔ عدالتوں اور اسمبلی میں سرکاری کام کاج اردو زبان میں ہونا چاہیے۔ اردو زبان میں کتابیں لکھنے

والوں کو کلچرل اکیڈیمی کی طرف سے خاطر خواہ مالی امداد ملنی چاہیے۔ نایاب کتابوں کو سرکاری خرچ پر شائع کیا جائے اور سستے داموں پر طلبا کو مہیا کیا جائے۔

☆ تحقیق کرنے والے حضرات کو یونیورسٹی گرانٹس کمیشن (UGC) سے پوری پوری مالی امداد ملنی چاہیے تاکہ وہ اپنے تحقیقی مقالوں کو شائع کر سکیں۔ کلچرل اکیڈمی یا شعبۂ اطلاعات یا شعبۂ تعلیم، اسکولوں اور کالجوں میں مجلسِ مذاکرات اور محفل مشاعرہ منعقد کرائیں۔

☆ جموں و کشمیر میں اورینٹل کالج کا قیام عمل میں لایا جائے تاکہ اس زبان میں خصوصی اہلیت کا مقام شائقین کو حاصل ہو جائے۔

☆ شعبہ اردو کشمیر یونیورسٹی کو زیادہ سے زیادہ رقومات فراہم کی جائیں تاکہ وہ سائنسی اور ٹکنیکل نوعیت کی کتابوں کے تراجم خود کرا سکے۔

☆ اردو میں تمام مضامین کی درسی کتابوں کی طباعت اور فراہمی کا انتظام کیا جائے۔

☆ ضروری قوانین قواعد اور احکامات اردو میں شائع ہوں۔ انتخابی فہرستیں (Voter List) اردو میں چھپائی جائیں۔

☆ سڑکوں اور دفاتر پر اردو میں بورڈ لگائے جائیں۔

☆ مجالس قانون ساز میں اردو میں تقریر کرنے اور حلف لینے کی اجازت ہو اور ان کی کاروائی بھی اردو رسم الخط میں لکھی جائے۔

☆ ریاست، ضلع اور تحصیل کی سطح پر انتظامیہ کے تمام افسروں کے لئے اردو کا علم ہونا ضروری ہو۔ اردو کی تسلیم شدہ تنظیموں کو فروغ اردو کے لئے زیادہ سے زیادہ امداد دی جائے۔ اردو لائبریریوں اور ریڈنگ روموں کو فراخدلی سے امداد دی جائے۔ مختصر یہ کہ حکومت کے

ساتھ ساتھ اردو والوں پر بھی بہت بڑی ذمہ داری عائد ہوتی ہے اگر وہ اردو کی بقا چاہتے ہیں تو ہر شخص کو خلوص دل سے اردو کو زندہ رکھنے کے لئے حتی المقدور بھر کوشش کرنی چاہیے۔

☆ اب اگر اردو والے خلوص دل سے اردو کی بقا چاہتے ہیں تو ادب کی دولت کو اونچا مقام دینا ہوگا۔

☆ اب ہم اس نتیجے پر آپہنچے کہ اردو ہماری، آپ کی، سب کی زبان ہے۔ اس کی خدمت کرنا اور اسے ترقی دینا ہمارا اولین فریضہ ہے۔

کتابیات (Bibliography)

۱- اردو ادب کے ارتقا میں مختلف ادبی تحریکوں اور رجحانوں کا حصہ، منظر اعظمی، اردو اکیڈمی، لکھنؤ، یوپی

۲- اردو املا، رشید حسن خاں، قومی کونسل برائے فروغ اردو زبان، نئی دہلی ۱۹۹۸ء

۳- اردو اصناف (نثر و نظم) کی تدریس، امکار کول، مسعود سراج، قومی کونسل برائے فروغ اردو زبان، نئی دہلی، ۲۰۰۳ء

۴- اردو ادب کی تاریخ، ٹی گراہم بیلی، تاج پرنٹرس دہلی، ۱۹۹۳ء

۵- اردو املا اور رسم الخط اصول و مسائل، ڈاکٹر فرمان فتح پوری، نذیر حسین ندرت، پرنٹر لاہور، ۱۹۷۷ء

۶- اردو شاعری کا تنقیدی مطالعہ، سنبل نگار، ایجوکیشنل بک ہاؤس، علی گڑھ، ۲۰۰۲ء

۷- اردو اور اس کی تدریسی طریقے، ساجد حسین، رہبر پبلیشرز، کراچی

۸- اردو زبان کی تدریس، معین الدین، ترقی اردو بیورو، نئی دہلی

۹- اردو زبان اور اس کی تعلیم، فرامو سلیم، پاکستان بک اسٹور، لاہور

۱۰- اردو زبان کا ارتقا، شوکت سبزواری، پاک کتاب گھر، ڈھاکہ، ۱۹۶۵ء

۱۱- اردو صرف و نحو، اقتدار حسین خاں، ترقی اردو بیورو، نئی دہلی، ۱۹۸۵ء

۱۲- اردو نثر کا تنقیدی مطالعہ، سنبل نگار، ایجوکیشنل بک ہاؤس، علی گڑھ، ۲۰۰۳ء

۱۳- اردو نثر کا دہلوی دبستان، ڈاکٹر احمد عبدالکریم جاگیردار، شالی مار پبلی کیشنز، حیدرآباد، ۱۹۷۵ء

۱۴- اردو میں قصیدہ نگاری، ڈاکٹر ابو محمد سحر، تخلیقات پبلی شرز، دہلی

۱۵- اردو پڑھانے کا فن، ضیاء الرحمٰن اعظمی، شبلی اسٹیشنری، نزد شبلی نیشنل کالج، اعظم گڑھ۔

۱۶- تاریخ زبان اردو، شمس اللہ قادری، کتابستان، حیدرآباد

۱۷- تدریس اردو، فرمان فتحپوری، مکتبہ جامعہ، کراچی

۱۸- تعلیم اور اس کا سماجی پس منظر، ڈاکٹر سلامت اللہ، قومی کونسل برائے فروغ اردو زبان، نئی دہلی، ۱۹۹۸ء

۱۹- تعلیم تربیت اور زندگی، ڈاکٹر محمد اکرم خاں، مکتبہ جامعہ لمیٹیڈ، نئی دہلی، ۱۹۹۹ء

۲۰- جدید اردو قواعد، مولوی غلام رسل، نیشنل فائن پرنٹنگ پریس، حیدرآباد، ۱۹۸۱ء

۲۱- جدید تعلیمی نفسیات، پروفیسر محمد شریف خاں، ایجوکیشنل بک ہاؤس، علی گڑھ، ۲۰۰۴ء

۲۲- زبان اور قواعد، رشید حسن خاں، ترقی اردو بیورو، نئی دہلی، ۱۹۷۶ء

۲۳- شعر شور انگیز (اول تا چہارم)، شمس الرحمٰن فاروقی، قومی کونسل برائے فروغ اردو زبان، نئی دہلی

۲۴- غزل اور درس غزل، اختر انصاری، انجمن ترقی اردو، علی گڑھ

۲۵- غزل اور غزل کی تعلیم، اختر انصاری، ترقی اردو بورڈ، نئی دہلی

۲۶- فراق شخص و شاعر، شمیم حنفی، مکتبہ جامعہ لمیٹیڈ، نئی دہلی، ۱۹۸۳ء

۲۷- فراق گورکھپوری ذات وصفات، مخمور سعیدی، اردو اکادمی، دہلی، ۱۹۹۸ء

۲۸- کلیات حسرت موہانی، کتاب منزل، لاہور، ۱۹۵۵ء

۲۹- مختصر تاریخ اردو، اعجاز حسین، اردو کتاب گھر

۳۰- مقدمہ تاریخ زبان اردو، پروفیسر مسعود حسن خاں، ایجوکیشنل بک ہاؤس، علی گڑھ، ۱۹۹۵ء

۳۱- میر تقی میر تنقیدی و تحقیقی جائزے، پروفیسر نذیر احمد، غالب انسٹی ٹیوٹ، نئی دہلی ۲۰۰۰ء

۳۲- ہم اردو کیسے پڑھائیں، معین الدین، مکتبہ جامعہ لمیٹیڈ، نئی دہلی، ۱۹۸۶ء

۳۳- مقالات صدیقی (پہلا حصہ) عبدالستار صدیقی، اتر پردیش اردو اکادمی، لکھنؤ، ۱۹۸۳ء

۳۴- رشید حسن حیات اور ادبی خدمات، خصوصی شمارہ کتاب نما، مکتبہ جامعہ لمیٹیڈ، نئی دہلی، جولائی ۲۰۰۲ء

۳۵- تدریس اردو، محی الدین قادر زور کشمیری، وطن پبلیکیشنز، مولانا آزاد روڈ، سری نگر۔

۳۶- جدید تدریس اردو، پروفیسر محی الدین بجھ، گلشن پبلیکیشنز، ایکسچینج روڈ، گاؤ کدل، سری نگر

فرہنگ
(Glossary)

آلہ نطق	Microphone
آموزش	Learning
آویزاں	Hanging
ارتقاء پذیر	Developing
استحکام	Consolidation
استخراجی طریقہ	Deductive Method
استعارات	Metaphors
استقرائی طریقہ	Inductive Method
اسلوب	Style
اسم اعظم	Almighty' Name
اصطلاحات	Terms
افہام و تفہیم	Mutual Understanding
انتخاب	Selection
اندوختہ	Set apart
انضباط	Discipline
انفعالی کیفیت	Passiveness
بدخطی	Bad Writing

To end (Someone's) Power	بساط الٹنا
Immortality	بقائے دوام
Instability	بے ثباتی
Appreciation	تحسین
Black Board	تختہ سیاہ
Creations	تخلیقات
Communication	ترسیل
Developing Language	ترقی پذیر زبان
Circulate	ترویج
Similes	تشبیہات
Formation	تشکیل
Changing of Melody	تغیرلحن
Cultural Development	تمدنی ترقی
Criticism	تنقید
Cultural Familiarity	تہذیبی میل جول
Cultural Life	ثقافتی زندگی
Instinctive	جبلی
Modernization	جدت طرازی
To one's utmost	حتی المقدور
Alphabet	حروف تہجی
Human Being	حیوان ناطق
Synopsis	خاکہ
Acquisition Line	خط اندوزی
Bid Farewell	خیرباد کہنا

درویش کامل	The Holy Saint
دل فریبی خیال	Fascinating Idea
رموز	Symbols
رموز دان	Understand the Symbols & Signs
ژولیدہ بیانی	Confused talk
سبکدوشی	Retirement
سحر بیانی	Convincing Speaking
سمعی وبصری	Audio Visual
سوز	Passion
شاہی احکام	Royal Orders
شکر گذاری	Thankfulness
صراحت	Specification
صفات حمیدہ	Praiseworthy Qualities
صنف	Category
صوتیات	Sound and Voices
طالع	Luck
طباع	Intelligent
طلسمی داستان	Magical Tales/ Stories
طوالت	Length
ظرافت	Humour
عجز وانکسار	Humility and Lowliness
عرس	Death Anniversary (of Saint)
غیر رسمی	Informal
فحش نگاری	Obscene Writing
فخر ومباہات	Pride and glory
فوق فطری	Supernatural

Imagination Power	قوت متخیلہ
Being old age	کبرسنی
Complication	گنجلک
Lingual Mixings	لسانی اختلاط
Lingual Elements	لسانی عناصر
Linguistics	لسانیات
Solo manic Stone	لوح سلیمانی
Derived	ماخوذ
Paid Attention	مبذول
Synonyms	مترادف الفاظ
First Person	متکلم
Manuscript	مخطوطہ
Elegy	مرثیہ
Drawing album	مرقع کشی
Rhymed (Prose)	مسجع
Accession to the throne	مسند نشینی
Rhymed (poetry)	مقفی
Dialogue Writing	مکالمہ نویسی
Distinguished	ممیز
Source	منبع
Disciplined	منضبط
Comparison	موازنہ
Illiteracy	ناخواندگی
Compulsory	ناگزیر
Unfamiliar	نامانوس
Theory	نظریہ
Theory of Transmigration of Soul	نظریہ تناسخ
Follow/Along with	ہم رکاب
Independence Day	یوم آزادی
Republic Day	یوم جمہوریت

(2014, First Published in 2009)

Rs. 795

ISBN: 978-81-7541-432-7

2023 Impression

Teaching of Urdu Language

Published by:
SHIPRA PUBLICATIONS
LG 18-19, Pankaj Central Market,
I.P. Ext., Patparganj, Delhi 110092
+ 91 11 22235152/ 6152; 9650028065
info@shiprapublication.com
www.shiprapublication.com

TEACHING OF URDU LANGUAGE

Omair Manzar
(Jamia Millia Islamia, New Delhi)